超级说服力

刘建华　编著

中国出版集团　现代出版社

图书在版编目（CIP）数据

超级说服力 / 刘建华编著 . -- 北京 : 现代出版社，
2019.1

ISBN 978-7-5143-7236-6

Ⅰ . ①超… Ⅱ . ①刘… Ⅲ . ①说服－通俗读物 Ⅳ .
① H019-49

中国版本图书馆 CIP 数据核字（2018）第 159738 号

超级说服力

作　　者　刘建华
责任编辑　杨学庆
出版发行　现代出版社
通讯地址　北京市安定门外安华里 504 号
邮政编码　100011
电　　话　010-64267325　64245264（传真）
网　　址　www.1980xd.com
电子邮箱　xiandai@vip.sina.com
印　　刷　三河市燕春印务有限公司
开　　本　880mm×1230mm　1/32
印　　张　10
版　　次　2019 年 1 月第 1 版　2019 年 1 月第 1 次印刷
书　　号　ISBN 978-7-5143-7236-6
定　　价　39.80 元

前　言

　　为什么我们在某些领导的带领下，会任劳任怨，在另一些领导手下工作的时候却总是敷衍了事？为什么有些师长的教诲，会改变我们的一生，而爸妈无论说得有多好，却总是让我们不想听呢？为什么有些人的意见，常常会得到同事们的支持，而有些人的意见却不受重视呢？

　　到底是什么让我们变得固执，而不愿意接受别人的说教？又是什么触动了我们的心灵，让我们不再固执己见，而接受他人的意见呢？

　　答案很简单，都是因为说服力！说服力的强弱，直接导致同样的事情出现迥然不同的结果。有说服力的人，获得他人的认同，造就非凡的功业；而没有说服力的人，却只能终日黯然，碌碌无为。

　　那么，人的说服力是天生的吗？不，思考和学习才是说服力的源头。一个人愿意去学习，同时会动脑筋去揣摩，那么用不了多久，就会变得很有说服力。要是这个人放弃思考，放弃学习，那么说服力必将离他而去——他的思维将变得僵化，他的话语将变得无味，如此，又怎么会有说服力呢？

　　不要忽略说服力的修炼，看看我们的生活，你就会发现，很多时候，我们做事是因为有人劝说我们去那样做——你以为自己是主动、自发的，其实不是，你只是被人说服了而去做某事而已。

早晨起床是因为从小父母就劝说我们如此去做；我们住在现在的居所，是因为某人说服了我们在那儿购买或租用了那所房子；我们现在日常过日子要遵守国家法律，那是因为以前有人劝说过我们去这样做；我们不说谎，不欺骗别人，不盗窃，是因为有人劝说过我们而遵守了一套道德和伦理标准。

说了这么多，其实就是想要告诉你：很多情况下要么被人说服，要么说服别人。只要你具有超强的说服力，那么突破重围，杀出一条血路是可能的——只要你愿意按照本书所说的去做，至少你能省事不少，毕竟用几句话便把事情解决要轻松得多。

目　录

第一章

说服，语言沟通的最高境界

　　说服好比打仗，对方是你要征服的"敌手"，你要想尽一切办法将它降服，最好是口服心也服。这就涉及说服过程中的战略战术，你要细心研究揣摩了，也不难获得高明的说服技巧，成为最棒的说服者。

了解对方，是说服别人的基础

"知己知彼，百战百胜"这句老话，是很有道理的。战争如此，说服他人也不例外。

想成为最棒的说服者，在说服对方之前，必须透彻地了解被说服对象的有关情况，以便有针对性地进行工作。了解的内容主要有：

（一）对方的性格要掌握

不同性格的人，对接受他人意见的方式和敏感程度是不一样的。如：是性格急躁的人，还是性格稳重的人；是自负又胸无点墨的人，还是有真才实学又很谦虚的人。掌握了对方的性格，就可以按照他的性格特征，有针对性地做说服工作。

（二）对方的长处要知道

一个人的长处就是他最熟悉、最了解、最易理解的领域。如有人对部队生活熟悉，有人对农村生活熟悉，有人擅长文艺，有人擅长语言，有人擅长交际，有人擅长计算，等等。在说服人的时候，要从对方的长处入手。

第一，能和他谈到一起去；

第二，在他所擅长的领域里，谈论起来他容易理解，便容易说服他；

第三，能将他的长处作为说服他的一个有利条件。

如一个伶牙俐齿、善于交际的人，在分配他做供销工作时可以说："你在这方面比别人具有难得的才能，这是发挥你潜力的一个最好机会。"这样谈既有理有据，又能表明领导者对他的信任，还能引起他对新工作的兴趣。

（三）了解对方的兴趣爱好

有人喜欢绘画，有人喜欢音乐，还有人喜欢下棋、养鸟、集邮、书法、写作等，人人都喜欢从事和谈论其最感兴趣的事物。从这里入手，打开他的"话匣子"，再对他进行说服，便较容易达到说服的目的。

（四）对方当时的情绪要略知一二

一般来说，影响对方情绪的因素有：一是谈话前对方因其他事所造成的心绪仍在起作用；二是谈话对方的注意力正集中在哪里；三是对说服者的看法和态度。所以，说服者在开始说服之前，要设法了解对方当时的思想动态和情绪，这对说服的成功是一个重要的环节。

（五）了解对方的其他想法

一个人坚持一种想法，绝不是偶然的，他必定有自己的理由，而且他讲的道理一般都符合国家政策、集体的利益或人之常情。但这常常不是他的真实想法，他的真实想法怕拿出来被人瞧不起，难于启齿。如果领导者能真正了解他的苦衷，就能有针对性地加以解决。

凡此种种，你都要悉心研究，才能够有针对性采取你说服的方式。

　　了解对方是有许多学问的。许多人不能说服别人，是因为他不仔细研究对方，不研究用适当的表达方式，就急忙下结论，还以为"一眼看穿了别人"。

　　所以，不管在情场、职场、官场还是生意场，总要琢磨对方的意图或需求，照顾周围人的感受与情绪，以便了解对方的需求。否则，不是对方想要的，给再多也是白给。而若是对方渴求的，给一样抵百样。生活中有多少麻烦、多少痛苦，就是因不愿了解别人或是了解得不够而造成的。

说服别人要有步骤，懂得循序渐进

说服别人不能一蹴而就，你去说服别人，别人条件反射似的会产生反说服的心理，结果你越努力就越加强了对方反对的决心。循序渐进、诱导的方式就成为说服中不可缺少的方法。

（一）设法先了解对方的想法

曾经有一位很优秀的管理者这么说："假如客户很会说话，那么我就有希望成功地说服对方。因对方已讲了七成话，而我只要说三成话就够了！"

事实上，很多人为了要说服对方，就精神十足地拼命说，说完了七成，只留下三成让客户"反驳"。这样如何能顺利圆满地说服对方？因此，应尽量将原来说话的立场变成听话的角色，去了解对方的想法、意见，以及其想法的来源或凭据，这才是最关键的。

（二）站在对方的立场

例如，当你感觉到对方仍对他原来的想法保持不舍的态度，其原因是尚有可取之处，所以他反对你的新提议，此时最好的办法，就是先接受他的想法，甚至先站在对方的立场发言。

"我也觉得过去的做法还是有可取之处的，确实令人难以舍弃。"先接受对方的立场，说出对方想讲的话。为什么要这样做呢？因为当一个人的想法遭到别人一无是处的否决时，极可能为了维持尊严或咽不下这口气，反而变得更倔强地坚持己见，坚决不接受反对者的新建议。若是说服者落到这地步，成功的希望就不大了。

某家庭电器公司的推销员挨家挨户推销洗衣机，当他到一户人家里时，看见这户人家的太太正在用洗衣机洗衣服，就忙说："哎呀！这台洗衣机太旧了，用旧洗衣机是很费时间的。太太，该换新的啦！"

结果，不等这位推销员说完，这位太太马上产生反感，驳斥道："你在说什么啊！这台洗衣机很耐用的，到现在都没有故障，新的也不见得好到哪儿去，我才不换新的呢！"

过了几天，又有一名推销员来拜访。他说："这是令人怀念的旧洗衣机，因为很耐用，所以对太太有很大的帮助。"

这位推销员先站在太太的立场上说出她心里想说的话，使得这位太太非常高兴，于是她说："是啊！这倒是真的！我家这台洗衣机确实已经用了很久，是太旧了点，我倒想换台新的洗衣机！"

于是推销员马上拿出洗衣机的宣传小册子，提供给她做参考。

这种推销说服技巧，确实大有帮助，因为这位太太已产生了购买新洗衣机的念头。至于推销员是否能说服成功，无疑是可以肯定的，只不过是时间长短的问题了。

善于观察与利用对方的微妙心理，是帮助自己提出意见并说服别人的要素。

一般来说，被说服者之所以感到忧虑，主要是怕同意之后，可能会发生意想不到的后果；如果你能洞悉他们的心理症结，并加以防备，他们还有不答应的理由吗？

　　至于令对方感到不安或忧虑的一些问题，要事先想好解决之道，以及说明的方法，一旦对方提出问题，可以马上说明。如果你的准备不够充分，讲话时模棱两可，反而会令人感到不安。所以，你应事先预想一个可能引起对方考虑的问题。此外，还应准备充分的资料，给客户提供方便，这是相当重要的。

　　（三）让对方了解说服的内容

　　有时，虽然有满腹的计划，但在向对方说明时，对方无法完全了解其内容，他可能马上加以否定。另外还有一种情形是，对方不知我们说什么，却已先采取拒绝的态度，摆出一副不会被说服的模样；或者眼光短浅，不听我们说者也大有人在。如果遇到以上几种情形，一定要耐心地一项项按顺序加以说明。务求对方了解我们的真心实意，这是说服此种人要先解决的问题。

　　对不能完全了解我们说服的内容者，千万不可意气用事，必须把自己新建议中的重要性及其优点，一下打入他的心中，让他确实明白。假如你前往说服别人，第一次不被接受，千万不可意气用事地说："讲也是白讲！""讲也讲不通！浪费唇舌。"

　　一次说不通就打退堂鼓，这样是永远没有办法使说服成功的。

说服别人关键在于耐心

如果一个人没有耐心是无论如何也说服不了别人的。说服高手知道在说服过程中，强烈的说服决心会使对方乖乖就范。

如果你的观点是对的，一时说不服人家，你很可能会犯过分心急的毛病。当然，如果人家听了你的话，立刻点头叫好，改弦易辙，并称赞你"一言惊醒梦中人"，这自然是最妙不过的。实际上，这种情况并不多见。别人的看法、想法、做法，不是一天形成的。"冰冻三尺，非一日之寒"，因此，要对方改变看法也绝非一日之功。反之，即使他当时表示了心悦诚服，你还是要让他回去好好考虑。因为积习难改，当面服了，回去细想可能还会出现反复。如果真是如此，千万不能指责对方是"当面一套，背后一套"。

正确的做法是：第一要耐心，第二要耐心，第三还是要耐心。

当你不能说服对方的时候，甚至被人抢白一顿后，不要生对方的气，更不能生自己的气。"算了，管这闲事干什么？"这种想法是不应该有的。

你要有长期做说服工作的准备。逐步解释一些细节和要点，日积月累，"成见"就会渐渐消除了。

当然你还应当扩大你的阵线。有时候，别人不难被你说服，但他身后存在着庞大的力量，被人怂恿几句，思想又有波动，所以，你面对的可能不是一个人，而是一群人，有鉴于此，你应当从各方面增加自己的力量。如你可以给对方介绍一些有益的书籍，你可以看一部好电影，也可以找一些与你见解相同的人一起帮你做说服工作。通过这一系列的工作，不但可以从各侧面帮助对方，而且对你也是一个促进，因为你也可以从多侧面的工作中提高自己。

还有一点就是说服与批评之间，既有相似相通之处，又有相异相悖之处。这是两个有部分外延交叉重叠的概念。

说服与批评，都有对人施加思想影响，从心理上征服人的意图。批评常辅以说服，批评离不开说服；说服有时也带有批评，但说服不一定都带批评。如推销产品时，一般都是向对方大讲好话，极少有批评顾客的。被批评者，一般都有缺点、错误。批评的目的就是帮助对方改正。说服别人接受你的主张，总要或多或少能给对方带来一定的精神上或物质上的好处。说服的过程，就是宣传这种好处，令对方信服。被说服者不一定有什么缺点、错误。他放弃的主张与所接受的你宣传的主张，不一定有正误之分，可能只有全面、完美的程度之别。

一般来说，批评的态度较严肃或严厉，说话的语气也较重、较强硬；说服的态度较温和，说服的语气也较轻、较委婉。批评的话语，贬义词多于褒义词、否定词多于肯定词。说服的话语，褒贬皆可，根据说服的对象与内容的不同，有时褒多于贬，有时贬多于褒。如果进一步仔细分类，说服还可以再分为批评性说服与赞美性说服两类。接受批评，可能会属于自觉自愿，也可能多少带点勉强。接受说服，完全是自觉自愿，不带任何勉强。

　　要知道民主空气浓厚，解决矛盾纠纷、统一思想认识时，说服多于批评，协商多于命令，其结果是人际关系和谐，人心团结向上，社交往来活跃。反之，则人际关系紧张，说服者与被说服者貌合神离，社交生活沉寂。虽然说服与批评皆不可少，但我们希望在一切社交场合，说服多一些，批评少一些。遇有矛盾分歧，尽可能多采用说服手段。

说服别人的四个步骤

说服不是要告诉对方"你该怎样怎样"这么简单，而是让对方信服的一个过程。

让我们先看这样一个故事：有一次，卡耐基突然同时接到两家研习机构的演讲邀请函，一时之间，他无法决定接受哪家邀请。但在分别和两位负责人洽谈过后，他选择了后者。

在电话中，第一家机构的邀请者是这样说的：

"请先生不吝赐教，为本公司传授说话的技巧给中小企业管理者。由于我不太清楚您所讲演的内容为何，就请您自行斟酌吧。人数大概不超过一百人……万事拜托了！"

卡耐基认为，这位邀请者说话时平淡无力，缺乏热忱。给人的感觉便是一副为工作而工作的态度，让人感受不到丝毫的热情，这让他产生了相当不好的印象。

此外，对方既没明确地提示卡耐基应该做什么、要做到什么程度，也没有清楚地交代听讲人数，让他如何决定演讲内容呢？对此，卡耐基自然没有什么好感。

而另一家机构的邀请者则是这样说的：

"恳请先生不吝赐教，传授一些增强中小企业管理者说话技巧的诀窍。与会的对象都是拥有 50 名左右员工的企业管理者，预定听讲人数为 70 人。因为深深体悟到心意相通的时代离我们越来越遥远，部属看上司脸色办事的传统陋习早已行不通。因此，此次恳请先生莅临演讲的主要目的，是希望让所有与会研习者明白，不用语言清楚地表达出自己想法的人，是无法成为优秀的管理人才的。希望演说时间能控制在两个钟头左右，内容锁定在：

1. 学习说话技巧的必要性；

2. 掌握说话技巧的好处；

3. 说话技巧的学习方法。

希望您能带给大家一次别开生面的演讲。万事拜托了！"

卡耐基可以感觉到这家机构的邀请者明快干练、信心十足，完全将热情毫无保留地传达给了自己。更重要的是，对方在他还没有提出问题的情况下，就解答了所有的疑问。因此，在卡耐基的脑海里立刻浮现出自己置身讲台的情景，并且很快就能够想象出参加者的表情，以及自己该讲述的内容等。显然，这种邀请方式很能带给受邀者好感。

显然，说服别人是需要一定技巧的。其中最重要的是依循一定的步骤。

说服他人应按照什么样的程序来进行呢？大致有以下四个步骤：

（一）吸引对方的注意力

为了让对方同意自己的观点，首先应吸引劝说对象将注意力集中到自己设定的话题上。利用"这样的事，你觉得怎样？这对你来说，是绝对有用的……"之类的话转移他的注意力，让他愿意并且有兴趣往下听。

为了不至于在开始时便出师不利，以下几个要点请你务必好好掌握：

1.留下良好的第一印象。也就是穿着得体、以礼待人，脸上保持诚恳的微笑。

2.平时多留意自己的言谈举止，绝对要言行一致。

3.主动与周围的人接触，建立良好的人际关系。

4.再小的承诺也要履行，记住要言出必行。

5.不撒谎，除了善意的谎言。

6.提高与大众沟通的能力。

（二）明确表达自己的思想

具体说明你所想表达的话题。比如"如此一来不是就大有改善了吗？"之类的话，更进一步深入话题，好让对方能够充分理解。

明白、清楚的表达能力是成功说服中不可缺少的要素。对方能否轻轻松松倾听你的想法与计划，取决于你如何巧妙运用你的语言技巧。

为了让你的描述更加生动，少不了要引用一些比喻、举例来加深听者的印象。适当地引用比喻和实例能使人产生具体的印象；能让抽象晦涩的道理变得简单易懂；甚至使你的主题变成更明确或为人熟知的事物。如此一来，就能够顺利地让对方在脑海里产生鲜明的印象。

说话速度的快慢、声音的大小、语调的高低、停顿的长短、口齿的清晰度……都不能忽视。除了语言外，你同时也必须以合适的表情、肢体语言来辅助。

（三）用深情去征服对方

通过你说服对方的内容，了解对方对此话题究竟是否喜好、是否满足，再顺势动之以情或诱之以利告诉他"倘若遵照我说的去做，绝对省时省钱，美观大方，又有销路……"，不断刺激他的欲望，直到他跃跃欲试为止。

说服前必须能够准确地揣摩出对方的心理，才能够打动人心。如：他在想什么？他惯用的行为模式为何？现在他想要做什么？等等。一般而言，人的思维行动都是由意识控制，即使他人和外界如何地建议或强迫，也不见得能使其改变。

想要以口才服人的你，必须意识到说服的主角不是你而是对方。也就是说，说服的目的，是借对方之力为己服务，而非压倒对方，因此，一定要从感情深处征服对方。

（四）提示具体做法

在前面的准备工作做好之后，就可以告诉对方该如何付诸行动了。你必须让对方明了他应该做什么、做到何种程度最好等。到了这一步，对方往往就会很痛快地按照你的指示去做。

说服别人的基本方法

有些人说服人经常犯的弊病，就是先想好几条理由，然后去和对方辩论；还有的是站在长辈的立场上，以教训人的口吻，指点别人该怎么做。这样一来，等于先把对方推到错误的一方，因此，效果往往不好。说服人的方法和技巧很多，以下几种是比较实用和简便的：

（一）用高尚的动机来激励他

一般情况下，每个人都崇尚高尚的道德、正派的作为，都有起码的政治觉悟和做人道德。所以，在说服他人转变看法的时候，一个有效的办法就是，用高尚的动机来激励他。比如说这样做将对国家、公司带来什么好处，或将对家庭、对子女带来什么好处，或将对自己的威信有什么影响，等等。这往往能够很好地启发他，让他做你希望做的事。

（二）用热忱的感情来感化他

当说服一个人的时候，他最担心的是可能要受到的伤害，因此，在思想上先砌上了一道墙，在这种情况下，不管你怎么讲道理，他都听不进去。解决这种心态的最有效办法就是，要用诚挚的态度、满腔的热情来对待他，在说服他的时候，要用情不自禁的感情来感化他，使他从内心受到感染，从而改变自己的态度。

（三）通过交换信息促使他改变

实践证明，不同的意见往往是由于掌握了不同的信息所造成的。有些人学习不够，对一些问题不理解；也有些人习惯于老的做法，对新的做法不了解；还有些人听人误传，对某些事情有误解；等等。在这种情况下，只要能把信息传给他，他就会觉察到行为不是像原来想象的那么美好，进而采纳你的新主张。

（四）激发他去主动转变

要想让别人心甘情愿地去做一件事，最有效的方法，不是谈你所需要的，而是谈他需要的，教他怎么去得到。所以有人说："撩起对方的急切愿望，能做到这一点的人，世人必与他同在；不能的人，将孤独终生。"

探察别人的观点并且在他心里引起对某项事物迫切需要的愿望，并不是指要操纵他，使他做只有利于你而不利于他的某件事，而是要他做对他自己有利，同时又符合你的想法的事。这里要掌握两个环节：一是说服人要设身处地地谈问题，要把别人的事当作彼此互相有利的事来加以对待；二是在促使他行动的时候，最好让他觉得不是你的主意而是自己的主意。这样他会喜欢，会更加主动和积极。

（五）用间接的方式促使他转变

说服人时如果直接指出他的错误，他常常会采取守势，并竭力为自己辩护。因此，最好用间接的方式让他了解应改进的地方，从而达到让他转变的目的。间接的方法多种多样，如把指责变为关怀；用形象的比喻来加以规劝；避开实质问题谈相关的事；谈别人的或自己的错误来启发他；用建议的方法提出问题；等等。这就要靠你根据实际情况创造性地加以运用。

（六）满足对方"期望"的心理

被说服者是否接受意见，往往和他心目中对说服者的"期望"心理有关。说服者如果威望高，一贯言行可靠，或者平时和自己感情好，被说服者觉得可以信赖，就比较愿意接受他的意见；反之，就有一种排斥心理。所以作为领导者的你，平时要注意多与下属交往，和他们建立深厚的感情，这样在工作的时候，他们就能变得主动有力。

提高说服力的七大窍门

要想说服别人从而成为一个最棒的说服者，就要不断地锻炼说服口才，提高自己的说服力。在这一点上，许多高超的说服者都留下了许多宝贵的经验，你可以细心研习，为己所用。

任何人都希望能轻松地说服他人，尤其是担任说服职务的人，更有这样的愿望。但是千万不要误解说服力的本意，毕竟它与饶舌不同。有的人能不费口舌就自然有说服力；有的人即使滔滔不绝，也没有听众。因此说服力并不取决于是否能言善道，而决定于能否适时说出适当的言辞。当然有人天生就具有说服力，但是一般来说，说服力是靠后天的经验和努力培养而成。提高说服力需要认真加以进修、训练。

（一）牢牢记住说服的要点

大部分人只考虑到如何巧妙地说服他人，但能掌握"要点"的人却非常少。例如告诉对方"如果不这么做，公司就会有危险""这样会给大家添麻烦""如此才可以拓展前途""必须拉拢他加入我方的阵营"等等，这样才算符合说服的需要。和人见面，想不费吹灰之力就说服对方是不可能的。必须彻底检讨自己的意见，表明自己最低限度的要求。若抓不住意见的重点，不但无法说服对方，反会遭到对方的反击不得不知难而退。这就是因为该说的话表达得不够明确。如果一开始就心生胆怯，心想"我真的能顺利说服对方吗"或"万一遭到拒绝怎么办"，甚至认为"对方说的也有道理"等，这些都是因为说服的基础不够稳固，才想不出"如何说服对方"的手段和方法。所以说服前先检查一下谈论的内容是否必要，再开始进行说服，才可事半功倍。

（二）说服前先听对方说

不考虑对方，只单方面谈论自己的事，不但无法打动对方，反会显得疏远。因为从感情与理性两方面来说，强迫性的做法会使对方在感情上产生不悦，而脱离要点会使对方在理性上无法理解。此时，首先需要训练的是静听。任何人都希望站在说服者的立场，不喜欢被人说服，更有甚者认为让别人说服是一种耻辱，所以努力先使对方保持平静，消除其压迫感，否则说服就无法成功。因此，与其自己先发言，不如先听对方的，从谈话内容中了解他。给予对方发表意见的机会，可以缓和他的紧张，进一步使他对你产生亲切感；更重要的是，能根据对方谈话找到说服的重点。那么要如何才能让对方发表意见呢？可以先诱导对方谈论他感兴趣及关心的话题；至于对方有兴趣及关心的话题，则多半是他个人身边发生的事。

有人认为抓住对方所喜欢和关心的问题，或是最切身的话题，由此而找出对方关心的目标，他就会道出自己的看法，这也就是你必须侧耳倾听的内容。从对方的谈话中，可以了解对方的嗜好、个性及你的说服重点。

（三）建立彼此信任的关系

有的人在说服时，特别向对方表示亲密的态度或用甜蜜的语言与之接近，不仅无法达成说服目的，还会引起对方反感，甚至受其轻视。所以信任非常重要。古人说：言必信，行必果。有的人用人朝前，不用人朝后，这种做法是错误的。所以如果有意与人交流，保持信任的关系是必不可少的条件。信任的关系，寓于日常生活中。只要得到他人认同，而你也自认不辜负他人，就能建立信任，达到圆满的说服。做到这些，相信你将能发现说服的乐趣与效果。

（四）缜密的论证

不具体地表明说服的要点会失去说服力；而不得要领的要求，也无法得到充分的效果。对部下有所期望，希望达到目的时，必须周密论证以使对方正确了解。有些时候虽然下命令的人知道自己的意思，但执行命令的人却不容易了解。在工作方面，说服特别要具体地提示计划，说明理由、内容、完成日期及要求的结果，不如此就很难说动对方去办，再怎么激励他，他也不知从何下手。人之所以会有积极的意愿，是因为总想有发挥自己能力的机会。只有凭自己的才智能力参与整体工作时，才能体会工作的意义。

（五）指示要确切无误

若没有确切的指示，他就会在不明事理的情况下产生不满，或者发牢骚，破坏了工作环境的和谐。因此，必须将具体的办法告诉对方，使其了解情况，他才愿意去干。例如告诉对方"你的立场是……你的行动是……最后的目标是……"，如此提示，并要求对方"我想借助你的智慧，请你务必尽力"，说服到此地步，就能巩固对方想做的意愿。毕竟了解了情况，做起事来就容易。例如明示对方"这件事的结果是……""你下次应该这么做"等，把自己想获得的结果具体地告诉对方，同时在明示对方的过程中，也要经常参考对方的意见，提高对方的参与意识。如此一来，才能称之为周密的说服。

（六）恳切地引导对方

说服就是恳切地引导对方，按自己的意图办事。如果不以恳切的态度说服对方，而利用暂时的策略瞒骗对方，就无法使说服者与被说服者间有长久的和谐。当说服者暗自高兴"好了！说服成功了"时，而引起被说服者"哎呀！我上当了！"的感觉，这是最拙劣的说服方法。恳切地引导对方，使对方了解与满足，这时双方的满足度各为50%，要被说服者再做10%的让步，更须让其有这种满足感，否则被说服者无法心服口服，彼此根本无法谈拢，这一点须特别注意。

（七）适当的让步

说服必须有令双方满意的结果，否则不算说服成功。换句话说，说服者必须让对方认为"哼！这次是因为我让步，他才能成功地说服我"，如此满足感，就是恳切引导的最好效果。说服者应向对方表示"真谢谢你""没有你的帮助我就完了""你如此帮我忙，我会铭记在心"，等等，如此表示谢意，以实际行动满足对方的虚荣心。自己的谢意，还可在旅途中表示出来，如写封明信片给对方，简单说明"因为正好到你住处附近旅行，所以特地写此信向

你问候，最近好吗？"。被说服者收到明信片后，心中一定会感到
"啊！他还记得那时我帮他的事"，如此向对方表示好感。因为在
他帮你忙时，已经做了虚心的让步。所以，礼仪一定要考虑周到，
才能表示真诚的心。唯有如此仔细诚挚地表达自己，才能称得上真
正的说服。

说服别人的六大基本策略

　　说服最满意的结果就是你情我愿，皆大欢喜。这也是我们经常看到的说服结果。对于一个初次尝试说服别人的人，"临时抱佛脚"，掌握一些基本的说服策略是有好处的。

　　（一）巧妙制造多次见面的机会

　　为了及早开始说服工作，你应该多制造一些机会与对方见面。人往往就是这样，熟悉之后就会渐渐敞开心胸。当然，这其中无论是哪一次会面，你的表情和态度都要温和丰富，千万不可面无表情或态度恶劣，否则对方根本不会搭理你的。

　　你的谈话不可以造成对方负担，更不要让他们产生反感。为了达到这一目的，切忌在谈话一开始时就直接涉及说服主题，最好可以简单谈谈其他话题。不过，这一点是可以依据对方的性格而进行调整的。千万要注意的是，自始至终，你都应该保持温和的态度，必要时可以顺着对方。

　　想要让对方留下良好的印象，在每次告别前的表现尤其显得重要。在每次告辞之际，你要让对方感受到你很想再见到他们，不过最好不要直接说出来。即使之前的对话与你某些观点仍有部分相违背，也不可给对方留下坏印象。因此，告辞之际更要记得面带笑容，记得与对方握手或挥手告别。这样对方会觉得你这个人很温和，很有礼貌，较容易产生想进一步与你洽谈的念头。

如此一来，你的说服工作一切就绪，要不了多少工夫，对方就会"招架"不住你的攻势，使你的说服大获全胜。要记住，其中最主要的是掌握主动权。

（二）努力挖掘彼此的共同点

社会心理学认为，人际吸引中相似性是个重要的因素，它包括年龄与性别、社会地位、经济状况、教育水平、职业、籍贯、兴趣、价值观、信念、态度等的相似，其中以态度、信念和价值观最主要。因为相似的人彼此容易沟通，较少因意见传递的困难而造成误会和冲突。即使是初次见面，也有"相见恨晚"的亲切感。所以，在说服别人之前，要努力在双方的经历、志趣、追求、爱好等方面寻找共同点，诱发共同语言，为交际创造一个良好的氛围，进而赢得对方的支持与合作。但这种"套近乎"也要讲求策略，否则，不看对象、时机地随便"套近乎"，很可能越"套"越远。

（三）运用反复的方法

即重复相同的内容。一再接收到相同的信息，会让人形成一种它们确实很重要的错觉，因而将它们储存下来。通过这种方式，对方就能对你的想法留下深刻的印象，并转化成记忆保存起来。因此，优秀的说服高手，都会不断地使用反复法。

反复法有两种不同的操作模式：一是重复相同的语言；二是换汤不换药，用不同的方式表达相同的意念。

1.重复相同的语言

一而再，再而三地运用字义相同或相近的语言。比如，你的友人患了癌，只有动手术才能存活下去。偏偏你的朋友十分害怕动手术，这时你就必须说服他接受手术。为此，你得不停地重复告诉他："你想活下去，就得动手术，否则的话……还是尽快接受手术吧！"

2. 用不同的方式重复相同的意念

如果老是重复相同的语句，弄不好反而让人觉得你婆婆妈妈，不堪其扰。而变换方式来表达相同的意思，就能避免这种情况的发生。

比如，在上例中，你也可以说："你想继续活下去，对吧！如果你放弃的话，情况只会越变越糟！目前没有比动手术更有效的方法了！你看看人家小李，手术后不是痊愈得很快吗？如果你动了手术，也会跟他一样。振作点，别再说丧气话啦！"

（四）运用对应、对比的方法

说服他人的时候，运用大肆渲染负面结果的手法是相当有效的，可以使你的劝说内容因此被衬托得更有分量。比如，当你想说服孩子好好读书时，倘若能举出读书与不读书会有哪些不同的后果，让孩子清楚认识到读书的好处，效果会更好。

（五）站在对方的立场

站在对方的立场来看待问题确实不容易，但却不是不可能。许多口才不错的人都能做到这一点。因为若不如此做，说服成功的希望绝对是很小的。为达目的，说服高手们会不厌其烦，努力地从他人的角度来设想，并且乐此不疲。然而，他们也并非一开始就能做得很好，而是从一次次的说服过程中吸收经验、吸取教训，不断培养自己养成这种习惯，最后才达到轻易说动人的境界。因此，只要你愿意，这并不是件天大的难事。

1. 先确认劝说到底为了谁

说服他人，并不是为了自己，而是为对方着想。但能够做到这一点的人却寥寥无几。在劝说时，几乎所有的人都会忘记这个最基本的东西。因此，无论你学会多少技巧也无法顺利成功。所以当你准备开始说服某人时，务必事先确认此次行动是为了谁。成功的劝说，是建立在为对方利益着想的基础上的，这一点万万不可忘记。

2. 坦白内心真实的想法

在你企图说服他人前，必须确定你究竟希望对方做出怎样的行动。具体而言，这时的你只需考虑自己的想法，无须顾忌对方的情况。试着直接披露你真正的想法吧，如此一来，你的劝说内容究竟是利己呢，还是在为对方着想？答案不言而明。在此阶段请先要求自己做到坦白内心真正的想法。

3. 设身处地为对方设想

一般而言，之所以会造成将自己的意志强加给对方的局面，是因为没有事先设想到对方会有哪些反应。请在进行说服前先假设自己是那位被说服的对象，面对这样的劝说时会作何感想？

要完全避免将自己的意志强加到别人身上，你需事先做好充分的调查，其具体步骤如下：

（1）已经设定的劝说目标，自己是否能够接受？

（2）若不能接受，别人能够接受的程度如何？

（3）自己是否能够接受自己常用的劝说方式？

（4）听到什么样的劝说内容，你才肯付诸行动？

4.本着劝说是为对方着想的观念

在弄清自己真正的目的后，如果贸然付诸实践，很容易招致失败。因此，必须再站在对方立场上考虑，同时加以研究。当然，由于立场不同，结果必会相互抵触。那么，两者之间的差异究竟是什么？是否能够消除？如果不能消除又该怎么办？而能够消除的具体方法到底是什么？综观这些问题，其实只要你的头脑里存在"劝说是为对方着想"的观念，一切自能迎刃而解。

（六）摆出充足的理由说服对方

电影《周恩来》中邓颖超的扮演者是从未上过镜头的湖南画家郑小娟，尽管她初次上银幕，但是塑造出来的人物形象光彩照人，给广大观众留下十分深刻的印象。可是，开始她并不愿意参加演出，而是经丈夫姜先生高超的劝说技巧和充足的理由说服之后才接了戏。

郑小娟是在一次偶然的机会被导演看中的。当导演邀她拍片时，她以身体不好为理由，一口谢绝，且斩钉截铁，没有商量的余地。后来，影片筹备工作就绪，就要开拍了，可"邓颖超"仍没着落。无奈，着急的导演只好到郑小娟家再次动员。

这天恰好郑小娟的丈夫姜先生一个人在家，听了导演的来意，他一口应承下来。

郑小娟回家后，了解了事情的经过，十分不高兴，不住地埋怨丈夫自作主张。

姜先生笑着说："我代你应下演邓颖超是有足够理由的。首先，虽然你从来没有拍过戏，但各种艺术的规律是相通的，你不用为不懂表演艺术而担心，只要用心去学就不会有困难；其次，这对你的事业很有好处，你要想在美术方面有所发展，也应该从相关艺术中汲取营养；再次，你趁拍电影和大伙一起出去走走，这自然要比一个人老待在家里强得多，对你的身体也大有好处；最后，最重要的一点，他们要拍的是咱们敬爱的周总理，即使自己克服一些困难，也应该全力相助。"丈夫充足的理由和晓之以理、动之以情的话语终于打动了郑小娟的心，于是她抛弃了顾虑，增强了勇气，坚定了信心，欣然走进了《周恩来》摄制组，并且一举获得成功。

说服他人有高招

说服他人，就必须在他人身上下功夫，找点子。这是说服的关键所在，切中了要害，说服一定会大获成功。

（一）从称赞和让对方满足着手

洛克公司承包了一项建筑工程，预定于一个特定日期之前在休斯敦建立一幢庞大的办公大厦，一切都照原定计划进行得很顺利。大厦接近完成阶段，突然，负责供应大厦内部装饰用的铜器承包商宣称，他无法如期交货。如果真是这样的话，整幢大厦都不能如期交工，公司将承受巨额罚金。

长途电话、争执、不愉快的会谈，全都没效果。于是汤姆先生奉命前往纽约，当面说服铜器承包商。

"你知道吗？在布鲁克林区，有你这个姓名的，只有你一个人。"汤姆先生走进那家公司董事长的办公室之后，立刻就这么说。

董事长吃惊道："不，我并不知道。"

"哦，"汤姆先生说，"今天早上，我下了火车之后，就查阅电话簿找你的地址，在布鲁克林的电话簿上，有你这个姓的，只有你一人。"

"我一直不知道。"董事长说。他很有兴趣地查阅电话簿。"嗯，这是一个很不平常的姓，"他骄傲地说，"我这个家族从荷兰移居纽约，几乎有 200 年了。"一连好几分钟，他继续说着他的家族及祖先。当他说完之后，汤姆先生就恭维他拥有一家很大的工厂，还说他以前也拜访过许多同一性质的工厂，但跟他这家工厂比起来就差得太多了。"我从未见过这么干净整洁的铜器工厂。"汤姆先生如此说。

"我花了一生的心血建立这个事业，"董事长说，"我对它感到骄傲。你愿不愿意到工厂各处去参观一下？"

在这段参观活动中，汤姆先生恭维他的组织制度健全，并告诉他为什么他的工厂看起来比其他的竞争者高级，以及好处在什么地方。汤姆先生还对一些不寻常的机器表示赞赏，这位董事长就宣称是他发明的。他花了不少时间向汤姆先生说明那些机器如何操作，以及它们的工作效率多么良好。他坚持请汤姆先生吃中午饭。到这时为止，你一定注意到，汤姆先生一句话也没有提到此次访问的真正目的。

吃完中午饭后，董事长说："现在，我们谈谈正事吧。自然，我知道你这次来的目的。我没有想到我们的相会竟是如此愉快。你可以带着我的保证回到休斯敦去，我保证你们所有的材料都将如期运到，即使其他的生意都会因此延误也不在乎。"

汤姆先生甚至未开口要求，就得到了他想要的所有的结果。那些器材及时运到，大厦就在契约期限届满的那一天完工了。

用赞扬的方式开始，就好像牙医用麻醉剂一样，病人仍然要受钻牙之苦，但麻醉却能消除苦痛。

要想改变一个人而不伤感情，不引起憎恨的话，应该学会从称赞和让对方感到满足着手。

（二）巧妙地刺激对方的情绪或感觉

美国钢铁公司总经理卡里，有一次请来美国著名的房地产经纪人约瑟夫·戴尔，对他说："老约瑟夫，我们钢铁公司的房子是租别人的，我想还是自己有所房子才行。"此时，从卡里的办公室窗户望出去，只见江中船来舶往，码头密集，这是多么繁华热闹的景致呀！卡里接着又说："我想买的房子，也必须能看到这样的景色，或是能够眺望港湾的，请你去替我物色一所相当的吧。"

约瑟夫·戴尔花费几个星期的时间来琢磨这所相当的房子。他又是画图纸，又是造预算，但事实上这些东西竟一点儿也派不上用处。

不料，有一次，他仅凭着两句话和5分钟的沉默，就买了一座房子给卡里。

不用说，在许多"相当的"房子中间，第一所便是卡里钢铁公司隔邻的那幢楼房，因为卡里所喜爱眺望的景色，除了这所房子以外，再没有别的地方能与它更接近了。卡里似乎很想买隔邻那座更时髦的房子，并且据他说，有些同事也竭力撺掇买那座房子。

当卡里第二次请约瑟夫去商讨买房之事时，约瑟夫却劝他买下钢铁公司本来住着的那幢旧楼房，同时指出，隔邻那所房子中所能眺望到的景色，不久便要被一所计划中的新建筑所遮蔽了，而这所旧房子还可以保全多年对江面景色的眺望。

卡里立刻对此建议表示反对，并竭力加以辩解，表示他对这所旧房子绝对无意。但约瑟夫·戴尔并不申辩，他只是认真地倾听着，脑子飞快地在思考着，究竟卡里的意思是想要怎样呢？卡里始终坚决地反对买那所旧房子，这正如一个律师在论证自己的辩护，然而他对那所房子的木料、建筑结构所下的批评，以及他反对的理由，都是些琐碎的地方。显然可以看出，这并不是出于卡里的意见，而是出自那些主张买隔邻那所新房子的职员的意见。

约瑟夫听着听着，心里也明白了八九分，知道卡里说的并不是真心话，他心里是想买的，却是他嘴上竭力反对的他们已经租住着的那所旧房子。

由于约瑟夫一言不发地静静坐在那里听，没有反驳他，卡里也就停下来不讲了。于是，他们俩都沉寂地坐着，向窗外望去，看着卡里非常喜欢的景色。

约瑟夫曾对人讲述他运用的策略：

"这时候，我连眼皮都不眨一下，非常沉静地说："先生，您初来纽约的时候，你的办公室在哪里？'

"他沉默了一会儿才说："什么意思？就在这所房子里。'

"我等了一会儿，又问："钢铁公司在哪里成立的？'

"他又沉默了一会儿才答道："也是这里，就在我们此刻所坐的办公室里诞生的。'

"他说得很慢，我也不再说什么。就这样过了5分钟，简直像过了15分钟的样子。我们都默默地坐着，大家眺望着窗外。

"终于，他以半带兴奋的腔调对我说："我的职员们差不多都主张搬出这所房子，然而这是我们的发祥地啊！我们差不多可以说都是在这里诞生的，成长的。这里实在是我们应该永远长驻下去的地方呀！'于是，在半小时之内，这件事就完全办妥了。"

并没有利用欺骗或华而不实的推销术，也不炫耀许多精美的图表，这位经纪人居然就这样完成了他的工作。

原来约瑟夫·戴尔经过集中全部精力考察卡里心中的想法，并根据考察的结果，很巧妙地刺激了卡里的隐衷，使其内心的想法完全透露出来。

（三）以对方感兴趣的人或事间接打动对方

有一个请客人，看看时间过了，还有一大半的客人没来。主人心里很焦急，便说："怎么搞的，该来的客人还不来？"一些敏感的客人听到了，心想："该来的没来，那我们是不该来的？"于是有人悄悄地走了。主人一看又走掉了好几位客人，越发着急了，便说："怎么这些不该走的客人，反倒走了呢？"剩下的客人一听，又想："走了的是不该走的，那么我们这些没走的倒是该走的了。"于是又有人走了。最后只剩下一个跟主人较亲近的朋友，看了这种尴尬的场面，就劝他说："你说话前应该先考虑一下，否则说错了，就不容易收回来了。"主人大叫冤枉，急忙解释说："我并不是让他们走！"朋友听了非常生气地说："不是叫他们走，那就是叫我走了！"说完，头也不回地离开了。

这就是不会说话的尴尬局面，会弄得自己很被动，但如果你在谈话时抓住对方感兴趣的人或事就不一样了。

有一次，爱德华·查利弗为了赞助一名童军参加在欧洲举办的世界童军大会，急需筹措一笔经费，于是就前往当时美国一家数一数二的大公司拜会其董事长，希望他能解囊相助。

在拜会之前，爱德华·查利弗打听到董事长曾开过一张面额100万美金的支票，后来那张支票因故作废，他还特地将之装裱起来，挂在墙上作纪念。

所以当爱德华·查利弗一踏进他的办公室之后，立即针对此事，要求参观一下他这张装裱起来的支票。爱德华·查利弗告诉他，自己从未见过任何人开具过如此巨额的支票，很想见识一下，好回去说给小童军们听。

董事长毫不考虑地就答应了，并将当时开那张支票的情形，详细地讲给查利弗听。查利弗开始并没有提起童军的事，更没提到筹措资金的事，他提到的是他知道对方一定很感兴趣的事，结果呢？说完他那张支票的故事，未等爱德华·查利弗提及，那位董事长就主动问爱德华·查利弗今天来是为了什么事。

于是爱德华·查利弗才一五一十地说明来意。出乎爱德华·查利弗意料之外，他不但答应爱德华·查利弗的要求，而且还答应赞助5个童军去参加童军大会，并要爱德华·查利弗亲自带队参加，他负责这次活动的全部开销。另外他还亲笔写了封推荐函，要求他在欧洲分公司的主管提供活动所需的一切服务。

（四）先获得对方赞同的反应

有技巧的说服者，一开始便获得对方赞同的反应。因此他便为听众设下心理的认同过程，使他们朝向赞同的方向前进。

心理的形态在这方面表现得很明显。当一个人说"不"，而且真心如此时，他所做的又岂是所说的这个字而已。他整个人都会收缩起来，进入抗拒的状态。通常，他会有微小程度的身体上的撤退，或撤退的准备，有时甚至明显可见。简言之，整个神经、肌肉系统都戒备起来要抗拒接受。可是，相反地，一个人说"是"时，就绝无撤退的行为发生。整个身体是在一种前进、接纳、开敞的状态中。因而，从一开始我们愈能诱发"是"，便愈有可能成功地攫住听众的注意力。

林肯说："我展开并赢得一场议论的方式，是先找到一个共同的赞同点。"他甚至在讨论高度火爆的奴隶问题时，都能找到这种共同的赞同点。一家中立的报纸在报道一场他的讲演时这样叙述："前半小时里，他的反对者同意他所说的每个观点。他便从那一点开始领着他们往前走，一点一点地，直到最后他似乎已把他们全都引入自己的栏圈里了。"

在各种争议中，不论分歧有多大、问题有多尖锐，总是会有某一共同的赞同点是让彼此都产生心灵共鸣的。例如，大不列颠首相麦克米兰向南非联邦国会的两院发表讲演时，南非当局推行的是种族隔离政策，而他却必须在立法团体之前陈述英国无种族歧视的观点。他是否一开始便对这种基本分歧展望一番？没有。他开始时强调南非在经济上有了不起的成就，对世界有重大的贡献。然后他巧妙而机智地提出分歧的观点然后取得反对者的认可，一直到让他们完全赞同自己。他的整场讲演精妙无比，"身为不列颠国的一位公民，"首相说，"我期望给予南非支持和鼓励，不过希望各位不要介意我直言不讳：在我们自己的领土上，我们正设法给予自由人政治前途。这是我们至深的信念，我们无法在支持和鼓励各位的同时不违反自己的信念。我以为，我们应如朋友，不论谁是谁非，共同面对一个事实，那就是当今之世，我们之间存在歧义。"

不论一个人多坚决地想和演说者意见相左，像这样的论说，也会使他确信演说的公正坦诚。

假设麦克米兰首相一张口便强调双方政策上的差异，而不提出共同的赞同点，后果将一定很糟。

《思想的酝酿》这本书中在谈到这个问题时指出："有时，我们发现自己会在毫不抵抗、情绪毫不激动的状况下改变了心理。但是人家若告诉我们说我们错了，我们就会憎恨这样的谴责，硬起心肠来。在我们信仰形成的过程中，我们是极不留心的，可是遇有任何人表示与我们不同道时，我们便会对自己的信仰满怀不适当的狂爱。显然，我们所珍爱的并非意念本身，而是遭受威胁的自尊。这小小的'我'是人类事务中最紧要的一个词，适当地加以考虑乃智慧之始。我们喜欢继续相信自己一向习于接受的事实，一旦我们的任何假设受到怀疑，其所激起的憎怒会导致我们所谓的'讲理'，就是找出一大堆理由来继续相信自己已经相信的。"

你的目标如果是说服，请记住动之以感情比抒发自己的思想成效更大。要激起听众的情感，必先自己热切火烈。不管一个人能够编造多么精美的词句，不管他能搜集多少例证，不管他的声音多么动听，手势多么优雅，倘使不能真诚讲述，这些都只能是空洞耀眼的装饰。要使听众印象深刻，先得自己有深刻印象。你的精神经由你的双眼而闪亮发光，经由你的声音而四向辐射，并经由你的态度而自我抒陈，它便会与听众产生沟通，使听众渐渐信服。

（五）学会换位思考，站在对方的观点看事情

迪肯斯经常在他家附近的一处公园内散步和骑马，他非常喜欢橡树。因此，当他看到那些嫩树和灌木，一季又一季地被大火烧毁时，觉得十分伤心。那些火灾并不是疏忽的吸烟者所引起的，它们几乎全是由那些到公园内去享受野外生活、在树下煮蛋或烤热狗的小孩所引起的。有时候，火势太猛，必须出动消防队来扑灭。在公园的一个角落里，立着一块告示牌说，任何人在公园内生火，必将受罚或被拘留。但那块牌子立在公园偏僻角落里，很少人看到。迪肯斯到公园里去骑马的时候，其行为就像一位自封的管理员，试图保护公家土地。刚开始的时候，他不会试着去了解孩子们的看法，一看到树下有火，心里就很不痛快，急于要做件好事，结果却做错了。他总是骑马来到那些小孩子面前，警告说，他们可能会因为在公园内生火，而被关进监牢去，并以权威的口气命令他们把火扑灭；如果他们拒绝，就威胁叫人把他们逮捕起来。迪肯斯说他自己只是尽情地发泄某种感觉，根本没有想到他们的看法。

结果呢？那些孩子服从了，心不甘情不愿而愤恨地服从。

等迪肯斯骑马跑过山丘之后，他们很可能又把火点燃了，并且极想把整个公园烧光。

随着年岁的增长，迪肯斯对做人处世有了更深一层的认识，变得更为圆滑一点，更懂得从别人的观点来看事情。于是，他不再下

命令，他骑马来到那堆火前面，说出了下面的这段话：

"玩得痛快吗？孩子们，你们晚餐想煮些什么？……我小时候也很喜欢生火——现在还是很喜欢。但你们应该知道，在公园内生火是十分危险的。我知道你们这几位会很小心；但其他人可就不这么小心了。他们来了，看到你们生起了一堆火；因此他们也生了火，而后来回家时却又不把火弄熄，结果火烧到枯叶，蔓延起来，把树木都烧死了。如果我们不多加小心，以后我们这儿连一棵树都没有了。你们生起这堆火，就会被关入监牢内。但我不想太啰唆，扫了你们的兴。我很高兴看到你们玩得十分痛快；但能不能请你们现在立刻把火堆旁边的枯叶子全部拨开，而在你们离开之前，用泥土，很多的泥土，把火堆掩盖起来，你们愿不愿意呢？下一次，如果你们还想玩火，能不能麻烦你们改到山丘的那一头，就在沙坑里生火？在那生火，就不会造成任何损害……真谢谢你们，孩子们，祝你们玩得痛快。"

这种说法有了很不同的效果！使得那些孩子愿意合作，不勉强，不憎恨。他们并没有被强迫接受命令，还保住了面子。

在个人问题变得极为严重的时候，从别人的观点来看事情，也可以减缓紧张。澳洲南威尔斯的伊丽莎白·诺瓦克过了6个星期还没有付买汽车的分期付款。在一个星期五，负责她买车子分期付款账户的一名男子打电话来，不客气地告诉她说："如果在星期一早晨您还没有缴出122块钱的话，我们公司会采取进一步行动。"周末伊丽莎白没有办法筹到钱，因此在星期一大早接到他的电话时，她听到的就没有什么好话了。但是，她并没有发脾气，她以对方的观点来看这件事情。伊丽莎白真诚地抱歉给他带来了很多的麻烦，而且说："由于这并不是我第一次过期未付款，我一定是令您最头痛的顾客。"

对方闻言一反常态，举出好几个例子，说明好些顾客有时候极为不讲理，有的时候满口谎言，更常有的是躲避他，根本不跟他见面。伊丽莎白一句话不说，让他吐出心里的不快。然后根本不需要她请求，他说就算她不能立刻支付所欠的款额也没有关系，如果她在月底先付给他 20 元，然后在她方便的时候再把剩下的欠款付给他，一切就没有问题了。

因此，如果你想改变人们的看法去说服别人，而不伤害感情或引起憎恨，请遵循这一规则："试着诚实地从他人的观点来看事情。"

记住：试着去了解别人，从他的观点来看待事情就能创造生活奇迹，在说服别人的同时还会使你得到友谊，减少摩擦和困难。别人之所以那么想，一定存在着某种原因。查出那个隐藏的原因，你就等于拥有了了解对方个性的钥匙。如果你对自己说："如果我处在他的情况下，我会有什么感觉，有什么反应？"那你就会节省不少时间及苦恼，并大大增加你在做人处世上的技巧。

（六）让对方变被动接受为主动反思

口才专家总结了许多说服别人的秘诀，有些是很值得借鉴的，主要有以下几点：

1.以事喻理

道理的"理"性愈强，愈要注意让事实讲话、佐证，否则就会因教育对象缺乏感性体验，影响对"理"的理解、消化和吸收。用事实充实大道理，还可以避免说大话、空话，联系实际把道理讲实。现在一些大道理之所以让人听不进，就在于讲得虚。

2. 以小见大

思想是有差别、有层次的，讲道理也应有层次。缺少层次，一下子跨越几个台阶，会让人感到道理离得很远，接受不了。讲者应擅长于小事情中讲蕴含着的大道理，于近边事情中讲可望及的远道理，于浅表事情中挖掘可触摸的深道理。

3. 反诘设问

把大道理分解成若干个问题，用问话提出。一则引发兴趣，启发大家共同思考；二则用以创造一种平等和谐的气氛，使人觉得不是在灌输大道理，而是在共同探讨问题。这种方法，变听为想，变被动接受为主动反思，在抛砖引玉、换位思考中，让"系铃"人自己"解铃"。

4. 迂回引导

正面一时讲不通，不妨搞些旁敲侧击。讲好大道理很重要的一点是要学会剥茧抽丝，逐步引导，层层深入，最后"图穷匕见"，将大家的思想统一和升华到一个新的高度。有时也可借题发挥，讲出"醉翁之意不在酒"的道理。这样可以避免把讲道理变成简单的演绎论证，使教育对象易于接受。

5. 理在情中

有时讲大道理，教育对象并非对道理本身不接受，而是与讲道理的人感情上合不来。这时讲道理的人要善于联络感情，要注意反省自己有无令对方反感的地方，如果有则应及时克服和纠正。尤其当对方抵触反感情绪较大时，首先要以诚相待，要在理解、尊重、关心的原则基础上，再讲道理。

6. 巧用名言

一句含有哲理的名人格言可以发人深省，给人以启迪。现在有不少青年人，对名人与名人名言有一种崇拜感。把大道理与名人名言巧妙地结合，可以把大道理讲得耐人寻味，富有吸引力。

7. 谈心渗透

"大锅饭不觉香"，大道理仅靠在课堂上和公共场合讲，受当时环境气氛的影响，有些朋友可能听不进去。出现这种现象，有时就要开"小灶"，选择一个恰当的场合，与对方真诚、平等地谈心交流。

8. 语言感染

以适应对方的"口味"为出发点，充分发挥语言的魅力，把道理讲得有声有色，生动活泼。美妙的语言是大道理磁石般的外壳，它能吸引听众去深入理解"内核"。要做到这一点，首先，要树立自信心，相信正确道理的威力；其次，要注意语言的训练，努力提高表达的技巧。

9. 点到为止

话讲得啰唆就会让人厌烦，听不进去。有些人生怕人家听不懂，翻来覆去地讲一个道理，结果适得其反。正确的方法是，应该视情况因人出发，针对实际把握要讲的内容，该讲的一定要"点到"，同时又要注意留下充分思考的时间，让对方去领悟、消化。

10.言行结合

　　有时对方之所以不服，很重要的一条就在于讲道理的人自己做得不好。"做"得好才能赢得"讲"的资格。把单纯地讲道理变成见诸行动的边讲边做，让人在"看服"中更好地信服，自觉地接受大道理。只有这样，才能收到"此时无声胜有声"的最佳效果。

说服对方攻心为上

（一）把你的希望和愿望变成对方的希望和愿望

杰克·里森为一家专门替服装设计师和纺织品制造商设计花样的画室推销草图，一连三年，里森先生每个星期都去拜访巴黎一位著名的服装设计家。"他从不拒绝接见我，"里森先生说，"但他也从来不买我的东西。他总是很仔细地看看我的草图，然后说：'不行，里森，我想我们今天谈不拢了。'"经过150次的失败，里森终于明白自己过于墨守成规；于是他下定决心，每个星期利用一个晚上去研究做人处世的哲学，以发展新观念，创造新的热忱。

后来，他就急于尝试一项新方法。他随手抓起6张画家们未完成的草图，冲入买主的办公室。"如果你愿意的话，希望你帮我一个小忙，"他说，"这是一些尚未完成的草图。能否请你告诉我，我应该如何把它们完成才能对你有所帮助？"

这位买主默默看了那些草图一会儿，然后说："把这些图留在我这儿几天，然后再来见我。"

3天以后里森又去了，获得了他的某些建议，取了草图回到画室，按照买主的意思把它们修饰完成。结果呢？全部被接受了。

从那时候起，这位买主订购了许多其他的图案，这全是根据他的想法画成的——而里森却净赚了1600多元的佣金。"我现在明白，这么多年来，为什么我一直无法和这位买主做成买卖。"里森说，"我以前只是催促他买下我认为他应该买的东西。我现在的做法正好完全相反。我鼓励他把他的想法交给我。他现在觉得这些图案是他创造的，确实也是如此。我现在用不着去向他推销。他自动会买。"

西奥多·罗斯福当纽约州州长的时候，完成了一项很不寻常的功绩。他一方面和政治领袖们保持良好的关系，另一方面又强迫进行一些令他十分不高兴的改革。下面是他的做法。

当某一个重要职位空缺时，他就邀请所有的政治领袖推荐接任人选。起初，罗斯福说："他们也许会提议一个很差劲的党棍，就是那种需要'照顾'的人。我就告诉他们，任命这样一个人不是好政策，大众也不会赞成。

"然后他们又把另一个党棍的名字提供给我，这一次是个老公务员，他只求一切平安，少有建树。我告诉他们，这个人无法达到大众的期望，接着我又请求他们，看看他们是否能找到一个显然很适合这职位的人选。

"他们第三次建议的人选，差不多可以但还不太行。

"接着，我谢谢他们，请求他们再试一次，而他们第四次所推举的人就可以接受了；于是他们就提名一个我自己也会挑选的最佳人选。我对他们的协助表示感激，接着就任命那个人——我还把这项任命的功劳归于他们……我告诉他们，我这样做是为了能使他们感到高兴，现在该轮到他们来使我高兴了。

"而他们真的使我高兴。他们以支持像'文职法案'和'特别税法案'这类全面性的改革方案，来使我高兴。"

罗斯福尽可能地向其他人请教，并尊重他们的忠告。当罗斯福任命一个重要人选时，他让那些政治领袖觉得，他们选出了适当的人选，完全是他们自己的主意。

（二）强调最大最关键的理由

多年以前，拿破仑·希尔曾应邀向俄亥俄监狱的受刑人发表演说。他一站上讲台，立刻看到眼前的听众之中有一位是他在10年前就已认识的朋友威森，一位成功的商人。

希尔演讲完毕后，和威森见了面，谈了一谈，发现他因为伪造文书而被判20年徒刑。听完他的故事之后，希尔说："我要在60天之内，使你离开这里。"

威森脸上露出苦笑，回答说："我很佩服你的精神，但对你的判断力却深感怀疑。你可知道，至少已有20位具有影响力的人士曾经运用他们所知的各种方法，想使我获得释放，但一直没有成功。这是办不到的事！"

大概就是因为他最后的那句话——"这是办不到的事"——向希尔提出了挑战，他决定向威森证明，这是可以办得到的。

希尔回到纽约市，请求他的妻子收拾好行李，准备在哥伦布市——俄亥俄州立监狱所在地，停留一段不确定的时间。

希尔的脑海中有一项"明确的目标"，这项目标就是要把威森弄出俄亥俄监狱。他从来不曾怀疑能使威森获释。他和妻子来到哥伦布市，住进一处永久性的总部。

第二天，希尔前去拜访俄亥俄州州长，向他表明了此行的目的。希尔是这样说的：

"州长先生，我这次是来请求你下令把威森从俄亥俄州立监狱中释放出来。我有充分的理由，请求你释放他。我希望你立刻给他自由，但我准备留在这儿，等待他获得释放，不管要等待多久。在服刑期间，威森已经在俄亥俄州立监狱中推出一套函授课程，你当然也知道这件事：他已经影响了俄亥俄监狱中2518名囚犯中的1728人，他们都参加了这个函授课程。他已经设法请准获得足够的教科书及课程资料，而使得这些囚犯能够跟得上功课。难得的是，他这样做并未花费州政府的一分钱。监狱的典狱长及管理员告诉我说，他一直很小心地遵守监狱的规定。当然了，一个能够影响1700多名囚犯努力学习的人，绝对不会是个坏家伙。我来此请求你释放威森，因为我希望你能指派他担任一所监狱学校的校长，这将可使得美国其余监狱的16万名囚犯获得向善向学的良好机会。我准备担负起他出狱后的全部责任。这就是我的要求，但是，在您给我回答之前，我希望您知道，我并不是不明白，如果您将他释放，您的政敌可能会借此机会批评您。事实上，如果您将他释放，而且，您又决定竞选连任的话，这可能会使您失去很多选票。"

俄亥俄州州长维克·杜纳海先生紧握住拳头，宽厚的下巴显示出坚定的毅力。他说："如果这就是你对威森的请求，我将把他释放，即使这样做会使我损失5000张选票，也在所不惜……"

这项说服工作就此轻易完成了，而整个过程费时竟然不超过5分钟。

3 天以后，州长签署了特别赦免状，威森走出监狱的大铁门，他恢复了自由之身。

希尔先生之所以能够成功地说服州长，和他的周密考虑与精心安排是分不开的。希尔事先了解到了威森在狱中的行为良好，对 1728 名囚犯提供了良好的服务。当他创办了世界上第一所监狱函授学校时，同时也为自己打造了一把打开监狱大门的钥匙。

既然如此，那么，其他请求保释威森的那些大人物，为何无法成功地使威森获得释放呢？

他们之所以失败，主要是因为他们请求州长的理由不充足。他们请求州长赦免威森时，所用的理由是，他的父母是著名的大人物，或者是说他是大学毕业生，而且也不是什么坏人。他们未能提供给俄亥俄州州长充分的动机，使他能够觉得自己有充分的理由去签署特别赦免状。

希尔在见州长之前，先把所有的事实研究了一遍，并在想象中把自己当作州长本人仔细想了一遍，而且弄清楚了，如果自己真的是州长，什么样的说辞才最能打动这位州长的心思。

他绝口不提威森有声名显赫的父母，也不提自己以前和他的友谊，更不提他是值得帮助的人。所有这些事情都可被用来作为请求保释他的最佳理由，但和下面这个更大、更有意义的理由比较起来，就显得没有太大的意义。这个更大、更有意义的理由是，他的获释将对另外的 16 万名囚犯有莫大的帮助，因为他获释之后，将使这些囚犯享受到他所创办的这个函授学校的好处。因此，希尔成功了。

（三）以给对方帮忙的形式提出请求

　　已故的哈伯博士原是芝加哥大学的校长，也是他那一时代最好的一位大学校长，他善于筹募数额庞大的基金。

　　一次，哈伯博士需要额外的 100 万美元来兴建一座新的建筑。他拿了一份芝加哥百万富翁的名单，研究可以向什么人筹募这笔捐款。结果他选了其中两个人，都是百万富翁，而且彼此是仇恨很深的敌人。

　　其中一位当时是芝加哥市区电车公司的总裁。哈伯博士选了一天的中午时分——因为，在这时候，办公室的人员，尤其是这位总裁的秘书，可能都已外出用餐了——悠闲地走入他的办公室。对方对于他的突然出现大吃一惊。

　　哈伯博士自我介绍道："我叫哈伯，是芝加哥大学的校长。请原谅我自己闯了进来，但我发现外面办公室并没有人，于是我只好自己决定，走了进来。

　　"我曾多次想到你，以及你们的市区电车公司。你已经建立了一套很好的电车系统，而且我知道你从这方面赚了很多钱。但是，每一次想到你，我总是要想到，总有一天你就要进入那个不可知的世界。在你走后，你并未在这个世界上留下任何纪念物，因为其他人将接管你的金钱，而金钱一旦易手，很快就会被人忘记它原来的主人是谁。

　　"我常想到提供一个让你的名字永垂不朽的机会。我可以允许你在芝加哥大学兴建一座新的大楼，以你的名字命名。我本来早就想给你这个机会，但是，学校董事会的一名董事先生却希望把这份荣誉留给 X 先生（这位正是电车公司老板的敌人）。不过，我个人在私底下一向欣赏你，而且我现在还是支持你，如果你能允许我这样做，我将去说服校董事会的反对人士，让他们也来支持你。

"今天我并不是来要求你做任何的决定，只不过是我刚好经过这儿，想顺便进来坐一下，和你见见面，谈一谈。你可以把这件事考虑一下，如果你希望和我再谈谈这件事，有空时拨个电话给我。再见，先生！我很高兴能有这个机会和你聊一聊。"

说完这些，他低头致意，然后退了出去，不给这位电车公司的老板表示意见的机会。事实上，这位电车公司老板根本没有任何机会说话，都是哈伯先生在说话，这也是他事先计划好的。他进入对方的办公室只是为了埋下种子，他相信，只要时间来到，这个种子就会发芽，成长壮大。

果然，正如他所预想的那样，他刚回到大学的办公室，电话铃就响了，是电车公司老板打来的电话。他要求和哈伯博士定个约会，获得了准许。第二天早上，两人在哈伯博士的办公室见了面，一小时后，一张 100 万美元的支票已经交到哈伯博士的手上了。

为了清楚地展示哈伯先生说服别人的高明之处，我们不妨再来做这样的假设，他在和那家电车公司老板见面后，开头就这样说："芝加哥大学急需基金来建造大楼，我特地前来请求你协助。你已经赚了不少钱，应该对这个使你赚大钱的社会尽一份力量才对（也许，这种说法是正确的）。如果你愿意捐 100 万美元给我们，我们将把你的名字刻在我们所要兴建的新大楼上。"真是这样，结果会如何呢？

　　显然，没有充分的动机足以吸引这位电车公司老板的兴趣。这句话也许说得很对，但他可能不愿承认这一事实。

　　哈伯博士的高明之处就在于，他以特殊的方式提出说辞，而制造出机会。他使这位电车公司老板处于防守的地位（似乎是哈伯在给他帮忙，而不是有求于他）。他告诉这位老板说，他（哈伯博士）不敢肯定一定能说服董事会接受这位老板想使他的姓名出现在新大楼的欲望，因为，他在那位老板脑中灌输了这个念头：如果他不予捐款的话，他的对手及竞争者可能就要获得这项荣誉了。

　　哈伯博士是位杰出的推销员，更是一位很棒的说服者。当他请人捐款时，他总是先为自己能够成功获得这项捐款而铺路。他先在请求捐款对象的脑海中埋下为什么应该把钱捐出的一个充足的好理由；这个理由自然会向这个捐款对象强调捐款后的某些好处。通常，这种好处都是属于商业上的。同时，它也会去吸引这个对象天性中的某些兴趣，以促使他希望他的姓名能够在他死后永垂不朽，而且，通常他总是要事先仔细思索出妥当的计划，并运用高超的说服技巧来使这个计划更为完美妥善，再据此来加以劝导。

说服前要组织好开头几句话

常言道：好的开头是成功的一半，说服别人也是一样。

假设你要与你的经理进行一次面谈，你想让他同意你改变所在部门现有的工作程序。

"我认为我们的工作中存在一个问题，可以和你面谈几分钟吗？"这肯定不是好的开头。

"约翰，我有一个能增强部门效率的主意，什么时候有空咱们讨论一下？"这要好得多。

在策划开场白时我们需要想一想对方有什么理由要听我们说；在开头几句话里就应该把对方能从中领略的实惠、理由和动机考虑进去。

"我认为如果改变办公室的运作会节省大量可能性开支。什么时候有空讨论一下？我相信我们能赚到潜在的额外利润，只要我们……"

同样的原则也适用于你与供货商的面谈。

"比尔，你手下的人真是糟透了。最近这次供货晚了3天，这已经是这个月的第二次了。"

这样说会带来某种效果，但毕竟不如这样开头好些："比尔，我需要和你谈谈咱们怎样加快供货速度的问题。你现在有时间吗？"

还有，把你打算用在重要会见中的开场白记录在案也是个不错的主意。

有人担心一旦写下来再说的时候会显得生硬或不自然，一位专家认为情况刚好相反！

很多销售人员会激烈反对把产品用途说明记下来，理由如下：

"那会使我说起话来像是在读剧本。"

"那会使我对顾客提的问题无言以对。"

"如果顾客不按我记下的步骤走怎么办？"

其实这样类似提纲似的东西在我们日常谈话中都有。在接电话的时候——一般情况下——你会听到他们总是在说同样的话，用同样的语调和频率。

剧中的演员都是有脚本的。他们对什么时候该说什么一清二楚，可并没见他们把话说得干巴巴的呀！知道要说什么之后你才能把注意力集中在如何说好它们上。

另外有些演员有着同样的脚本，表演效果却不同。了解谈话可能的走向，能使我们有针对性地考虑怎样回答，做何声明，这都是你应当周密安排的。

在重要的谈话之前你应当练习开场白。重要的是要考虑怎样说出开头的几句话，用什么声调，语速的快慢，等等。

在任何谈话或做说服工作时都应该在一开头就称呼对方的姓名。如果在谈话开始时你没能得知或很快忘记了对方的名字，那就很难用这个名字来组织你要说的话，这样的说服效果就往往不理想。

让对方明确感受到危机所在

高明的说服者抓住对方的心理，知道设身处地为对方考虑，让对方明确感受到危机所在，从而达到说服的目的。

以下是一个希望儿子考上大学的母亲，为了改变儿子吊儿郎当的态度而与他进行的对话：

"小明呀，高考迫在眉睫了，你非加紧用功不行！你看看你，成天只知道弹吉他，这样下去不行啊。唉，真不知道你心里是怎么想的！"

"哼，怎么想？我觉得读不读大学都无所谓。那些书呆子拼了命考上一流大学，进了大企业，结果又怎样？像爸爸，在公司做那么久了，还不是一遇裁员就立刻失业啦！"

"话不能那么说呀。虽然爸爸今天是被裁员了，可是这许多年来我们家的生活水准不都是在中等之上吗？这些你是知道的。你从小学开始就一直就读重点学校，你想要的东西又有哪一样没买给你？这些都是你爸爸的功劳，全都因为他上过一流大学，进了大企业呀！你想想看要不是你爸爸，我们家会变成什么样子呢？根本就不可能像现在日子过得这么舒服！"

"知道啦！可是我喜欢玩音乐，想试一试究竟自己能不能靠它闯出一番天地来，就算不成功我也不会后悔的。"

　　"音乐？我知道你喜欢音乐，但这只能当作兴趣而已。要想成为音乐家是要有特殊天赋的。你确定自己有天赋吗？就算你有天赋，还得加上长期不断的训练。而且你能玩上 10 年的音乐吗？能吗？"

　　"说的也是……但我还是想试试。"

　　"喜欢归喜欢，放弃考大学而玩音乐，毕竟太冒险！音乐进了大学也还可以玩。只要上了大学，你想干什么就干什么，也不至于日后才后悔呀……"

　　"嗯，知道了。"

　　这位母亲的说服相当成功。她巧妙地利用了儿子自己对放弃大学而专玩音乐的潜在不安全感，让他明确感受到危机所在。

利用同步心理进行说服

在心理学上有一种称为"羊群效应"的现象。

羊群是一种很散乱的组织，它们在平时会盲目地左冲右撞，但是一旦有头羊发现草场而行动起来，其他的羊也会不假思索地一哄而上，全然不考虑旁边是否有狼或不远处是否有更好的草。简单地说，就是头羊往哪里走，后面的羊就跟着往哪里走。

我们经常在生活中看到这样的现象：大家都买了，我也买，这种从众的心理是普遍存在的，很容易让人们的意志动摇。而我们在说服时，也可以用这样的方法达到说服的效果。比如下面的一位妻子就是用这样的方法去说服丈夫的。

妻子："听说小张买了房子，而且还是座小型花园别墅，总共好像有 90 平方米。真好啊！我们的一些朋友都已经陆续有了自己的家。唉，真是让人羡慕，什么时候我们也能和他们一样呢？"

丈夫："啊，小张？真是年轻有为啊！我们也得加快脚步才行，总不能在这里待上一辈子嘛。可是贷款购房利息又沉重得惊人。"

妻子："小张还比你小 5 岁呢。为什么人家可以，你就不行呢？目前贷款购房的人比比皆是，况且我们家也还负担得起。试试看嘛！不如这个星期我们去看看吧。现在正是促销那种花园别墅的时机呢。买不买是另一回事，看看也不错！"

于是星期天一到，夫妇俩就带着孩子去参观正在出售的房子。

妻子："这地方真好啊！环境好，又安静，孩子上学也近，而且房价也是我们负担得起的。一切都那么令人满意，不如我们干脆登记一户吧！"丈夫："嗯，是啊！的确不错。我们应该负担得来。就这么决定吧！"

这句话正中妻子的下怀。她早看准了丈夫的决心一直在动摇，而用旁敲侧击的方法让他做出决定，这是妻子成功的所在。

这位妻子为何能够如愿以偿呢？因为她懂得去激发从众心理。

上述例子中的妻子成功地掌握了丈夫的从众心理，进而采取相应的说服对策。她先举出邻居小张的例子，继而运用"大家都买了房子""大家都不惜贷款购屋"等一连串话语来激发丈夫的从众心理。

虽然利用从众心理说服是一种有效的说服方法，但我们在使用这种方法时，一定要注意尊重对方，以免因过度的激发而引起对方的反感，这样就无法取得好的说服效果了。

增强你的说服能力

善于劝说，是一种极为可贵的说服能力。在日常生活中，有些事情，如教育子女与人为善，解决与邻居的矛盾纠纷等，若能掌握一些说服人的技巧，能使你的努力得到意想不到的回报。

一个人的说服力并不是一个常数，它是可以用巧妙的表达技巧来增强的。以下几点，是可以帮助你增强说服力的经验之谈。

（一）注重仪表

美国某镇内有一位艺术家，常因一些地方问题到镇议会去控诉。他去时常穿一件油渍斑斑的工作服，胡子也不刮。因为他从来看不起那些以衣冠整齐来取悦于人的人，认为人只要有头脑，别人就会听取他的意见，穿着好坏无关紧要。可事实是，年复一年，照样没人理会他。他则自我麻醉地认为这是由于那些人愚蠢之故。也许是吧，不过，他自己也聪明不了多少。

美国心理学家塞肯曾在马萨诸塞州州立大学里召集了 68 名志愿者，吩咐他们每人跟 4 位行人谈话，请求他们支持一个反对校内早餐供应肉类的团体。在跟行人接触前，研究人员对每位志愿者的各种情况，如外表是否漂亮，口齿是否伶俐，能否令人信赖，能否说服人以及智力高低等，都做了鉴定。结果发现，在相同条件下，外表漂亮者一般比不大漂亮者更为成功。

（二）记住要站在听众一边

心理学家的研究表明，要改变别人的想法，劝说者必须与听众站在一边，两者的关系越融洽，劝说的话便越容易入耳，这是因为人类有一个共同的天性，即喜欢听"自己人"说的话。纽约市立大学、布鲁克林学院的心理学家哈斯也说过："一个酿酒专家也许能告诉你许多理由为什么某一种牌子的啤酒比另一种牌子的要好。但如果你的朋友，不管他对啤酒是否在行，教你选购某种啤酒，你很可能听取他的。"

另一位心理学家莫恩在加利福尼亚州一个海滩上搞了一个传播训练公司。他发现，最佳商品推销员都能模仿顾客的声调、音量和言辞，表现顾客的姿态和情调，甚至还能下意识地在呼吸动作上与顾客相协调，好像是一架绝妙的反馈机器，把顾客发出的每一个信号反射回去。

毋庸讳言，这种由于在具体行动上，甚至是些很微不足道的方面表现出来的在感情上与你的听众的亲近感与认同感，往往会使你得到巨大的感情回报和共鸣。而一旦建立了这种感情共鸣，还需要什么苦口婆心的劝诫与说服呢？

（三）要考虑听者的处境

假如你要到隔壁去，请那里的新婚夫妇参加一项社会公益活动，你采用什么方法才能引起他们的兴趣呢？

平庸的劝说者可能会直截了当地说一番大道理，而善于劝人者则会先考虑对方的处境，赢得听者的信任。如果对方说自己正为某事烦恼，劝说者便会对他说："我理解你为什么会有这种感觉。要是我处在你的位置，也同样会烦恼的。"这样就既表示了对人的同情，设身处地地为人留下了广阔的空间，同时又巧妙地赢得了对方的注意。

善劝者听见对方反驳自己的话时，也会做出反应，但绝不会反驳。他会把反对的话重复一遍，承认其有道理。一些研究表明：劝说时，照顾双方的意见，比只提供单方面意见的说服力强得多。

（四）要有坚实的论据

什么样的论据才有说服力？这是一个很值得重视的问题。一个基本的要求就是论据要坚实可靠，不可使人产生不信任感。向听者提供切实的资料比提供主张更有力。但对于一个犹豫不决的人来说，资料来源也是很有影响的，并且其影响之深不亚于资料本身。这并非因为人们只信任特定来源而不信任其他的来源，而是因为他们听到引述的话来自十分可信的权威，便不会再为自己的成见辩护。这是一种非常奇妙的心理作用。不过，引述权威的意见也不宜过分，过犹不及。资料太多也可能引起听者的反感。

（五）运用经验和例证

善于做劝服工作的人都知道，人们做事受个人的具体经验的影响比受空洞的大道理的影响要大得多。对于一个病人来说，如果大夫劝他服某种药物，那么即使医生再三证明这种药物有效，说了许多的药理知识和道理，病人总还是不免心存疑虑的。但如果换一种方法，如医生告诉他：我自己也服这种药，只用了一个疗程就大病痊愈了。听了这样活生生的个人体验，病人一定不会再有所顾虑了。

心理学家莫恩在研究这种方法的效果时发现，成功的推销员往往使用具体的例证向顾客说明：他们现在的选择已有人做过。

以前，人们总是固执地认为：说服力很神秘，是人的天赋。实际上，它也是可以学习和提高的。只要你掌握了一些说服人的真正技巧，那么你便不怕不能说服别人。

（六）使自己更具有说服力的五项提示

（1）要以权威的腔调讲话。为了实现权威性，你必须熟悉你讲话的内容，你对你的题目了解得越多越深刻，你讲得就会越生动越透彻。

必须强调的是，即使你可能是你要讲的这个专题的权威人士，你也没有任何理由可以盛气凌人地对待听众。要保持"我们大家各有所长、彼此彼此"的态度。

（2）运用专用词汇或术语，内容要言简意赅。具体和专门的词汇及词语能够显示权威性和增强说服力，但冗长的发言会令人生厌。

最简洁的文章可能是最好的文章，其原因就是它最容易理解，关于讲话和对话也可以说是同样的道理。

（3）说话要直截了当而又不失中肯。如果你想在你所说的各种事情上都取得驾驭人的卓越能力，一个最基本的要求：集中一点，不要分散火力。避免使用不必要的词汇和说一些没有用的事，你才容易击中靶心。

（4）有点外交头脑，圆滑老练。这是指在适当的时间和地点去做适当的事情又不得罪任何人的一种能力。尤其是当你对付固执的人或者棘手的问题时，你更需要圆滑老练，甚至使用外交手腕。

　　还应注意的是永远不要夸口或者言过其实，而且在陈述你的情况时还要动脑筋为自己留有余地，这样你就不必担心会遇到什么责难。

　　（5）要充分考虑对方的利益。为你的听众提出最好的建议，而不只是为你自己提出最好的建议。如果你能做到这一点，就容易赢得对方的理解和支持。

从一开始就让对方说"是"

为了说服对方，要尽可能使对方在开始的时候说"是"，尽可能不使他说"不"。

说服过程中，一个否定的反应是最不容易突破的障碍，当一个人说"不"时，他所有的人格尊严，都要求他坚持到底。也许事后他觉得自己的"不"说错了；然而，他必须考虑到宝贵的自尊。既然说出了口，他就得坚持下去。因此一开始就使对方采取肯定的态度，是最重要的。

这种强调彼此是为相同的目标而努力，使用"是"的方法，使得纽约市格林尼治储蓄银行的职员詹姆斯·艾伯森挽回了一名即将失去的主顾约翰先生。

约翰要开一个户头，艾伯森先生就给他一些平常表格让他填。表格中有些问题他心甘情愿地回答了，但有些他则根本拒绝回答。

在研究做人处世技巧之前，艾伯森一定会对约翰说："如果您拒绝对银行透露那些资料的话，我们就无法为您开户头。"当然，像那种断然的方法，会使自己觉得痛快，因为表现出了谁是老板，也表现出了银行的规矩不容破坏。但那种态度，当然不能让一个进来开户的人有一种受欢迎和受重视的感觉。

那天早上，艾伯森决定采取一点实用的方法。他决定不谈论银行所要的，而谈论对方所要的。最重要的是，他决定在一开始就使客户说"是"。因此，他不反对约翰先生，而是说："您拒绝透露的那些资料，也许并不是绝对必要的。"

"是的，当然。"约翰回答。

"你难道不认为，把你最亲近的亲属名字告诉我们，是一种很好的方法，万一你有紧急情况，我们就能正确并不耽搁地实现你的愿望吗？"艾伯森又问。

约翰又说："是的。"

接着，他的态度软化下来，当他发现银行需要那些资料不是为了自己，而是为了客户的时候，他改变了态度。在离开银行之前，约翰先生不只告诉了艾伯森所有关于他自己的资料，还在艾伯森的建议下，开了一个信托户头，指定他母亲为受益人，而且很乐意地回答所有关于他母亲的资料。

记住：若一开始你就让对方说"是"，他就会忘掉你们争执的事情，而乐意去做你所建议的事。

第二章

选准了突破口，说服别人就很容易

就像要进一个山洞先得找到洞口一样，说服一个人也要找到突破口。当然，这些突破口是各种各样的，可以是对方感兴趣的人或事，也可以是对方的把柄或弱点等。只要你找准了突破口，说服别人就是一件很容易的事了。

以对方感兴趣的人或事为突破口

一个公司跟印度军界谈判一桩生意，谈了多次都没有成功。这时，这个公司的一位推销员主动请缨，希望能够让自己去完成这个任务。这位推销员给印度军界的一位将军通电话，只字不提合同的事，只说想见他一面。开始这位将军不同意，但推销员说："我准备到加尔各答去，是专程到新德里拜访阁下的，只见一分钟的面，就满足了。"那位将军勉强答应了。

推销员一走进将军的办公室，将军就赶忙声明："我很忙，请不要占用太多时间。"说话时态度非常冷漠，让人觉得生意几乎无望了。

但是，推销员一开口，说出的话却更让人感到意外。他说："将军阁下，您好！我来是向您表示衷心感谢的，感谢您一直以来对敝公司采取的这种强硬态度。"

将军不无惊讶，一时愣住了，不知道说什么好。

"因为您的强硬态度，使我得到了一个十分幸运的机会——在我过生日的这一天，又回到了自己的出生地。"

"先生，您出生在印度吗？"将军脸上的冷漠消失了，并且露出了一丝微笑。

"是的，"推销员也笑了笑，说道，"39年前的今天，我出生在贵国的城市加尔各答。当时，我父亲是法国密歇尔公司驻印度的代表。印度人民是好客的，在这里时，我们一家得到了他们很好的照顾。"

接着，推销员又谈了他美好的童年生活："在我过3岁生日的时候，邻居的一位印度老大妈送给我一件可爱的小玩具，我和印度小朋友一起坐在象背上，度过了我一生中最幸福的一天……"

将军越听越入迷，竟被深深感动了。他当即提出邀请，诚心诚意地说："您能在印度过生日真是太好了，今天我想请您共进午餐，表示对您生日的祝贺。"

在汽车驶往饭店的途中，推销员打开公文包，取出颜色已经泛黄的合影照片，双手捧着，恭恭敬敬地递给将军。

"将军阁下，您知道这个人是谁吗？"

"这不是圣雄甘地吗？"将军很奇怪，不知道他怎么会有甘地的照片。

"是呀，您再仔细瞧瞧左边那个小孩儿，那就是我。4岁时，我和父母在回国途中，十分荣幸地和圣雄甘地同乘一条船。这张照片就是那次在船上拍的。我父亲一直把它当作最宝贵的礼物珍藏着。这次，我要拜谒圣雄甘地的陵墓，以表示对这位印度伟人的思慕之情。"

"我非常感谢您对圣雄甘地和印度人民的友好感情。"将军说完，紧紧握住了推销员的手。

当推销员告别将军回到住处时，这宗大买卖已拍板成交了。

这位推销员成功的秘诀，就是在不能正面说服的情况下，采用

"智取"的策略，激起对方的兴趣，间接打动对方。

其实，在生活中有很多这样的事情：当你试图说服别人时，直截了当地说是很难奏效的，并且还容易引起对方的反感。在这种情况下，我们就需要从侧面寻找突破口，抓住对方感兴趣的话题，从这个话题中，引出自己的要求。这样，对方就会将我们的要求作为兴趣的一部分，也会很容易地接受。

抓住对方的心理，利用其心理做文章

　　人们做事时往往都是受一定的心理驱使的。因此，当你试图说服别人时，一定要学会抓住对方的这种心理，并利用这种心理引导对方，达到说服的目的。

　　一位能干的销售员就是运用这种方式，成功地销售了自己的商品。一天，一位西装笔挺的男士走到玩具柜前，售货员立即走过来接待。男士伸手拿起一只声控的玩具飞碟，仔细地看了起来。

　　"先生，您好，请问您的小孩多大了？"售货员微笑着，很有礼貌地问道。

　　"5 岁。"男士答道，并把玩具放回原处，去看其他的玩具。

　　男士不经意的回答，却使售货员顿时兴奋起来。因为从这个简单的信息中，她找到了说服对方的突破口。于是，她热情地说："5 岁！5 岁正是玩这种玩具的年龄，这种飞碟也正是为像他这样大的孩子设计的。"说着，她打开了玩具飞碟的开关，并拿出声控器，开始熟练地操作，前进，后退，旋转，男士看得津津有味。这时，售货员又说道："玩这种飞碟，不仅可以锻炼小孩子的头脑，而且还可以培养他们的领导意识。"说完后，她把声控器递到男士手中，详细地向他介绍了怎么操作，并让他实际操作了一番。

　　终于，男士发出了求购信息。

"一套多少钱？"

"20 美元。"

"太贵了。"

"先生，你想想看，这套玩具不仅可以开发令郎的智慧，还可以培养他的领导才能，跟这些比起来，20 美元到底值不值？"

于是，这位男士拿起了玩具，到收银台付款去了。

在这个例子中，售货员就是抓住了男士的爱子心理，并很好地运用了这种心理。当男士放下玩具想到别处去时，她不失时机地说这种玩具正是为 5 岁的儿童设计的，并指出了孩子玩这种玩具的两大好处。这样，就引导男士开始询问价钱。而当男士嫌价钱太贵时，售货员又将玩具对孩子的好处和价钱相比，指出这样的价钱是合适的。这样，男士最终打开了腰包。

在整个过程中，售货员时时抓住男士的爱子心理，将玩具和价格都与孩子联系起来，表面上是玩具打动了男士的心，其实，是他被自己的爱子之心打动了。而售货员正是巧妙地运用了这种方式，才最终说服了男士，达到了自己的目的。

因此，在我们说服别人时，不妨也运用一下这种战术——抓住对方的心理，并利用这种心理做文章。在说服过程中，使自己的每一句话、每一个动作都与对方的这种心理相符合，并让对方明白，自己所做的一切，都是有利于他的。这样，我们就通过这种方式，引导对方被自己的心理所感动，并接受我们的建议。至此，我们也达到了自己的目的。

用对方可以接受的话语进行说服

知识水平与人的经历、职业、文化教养等是紧密相关的。因此，在说服对方时，一定要注意到这一点。

话因人而异，也就是说，对不同的人要说不同的话。同样，在说服别人时，也要分清对方的身份和地位，说出符合对方身份和教养的话语，只有这样，对方才会觉得你跟他是同一层次的人，也才会与你接近，并乐意接受你的建议。

这一点非常重要，因为你不分身份和地位，对所有的人说同样的话，会引起别人的不满甚至讨厌。比如说，你跟一个农村的老太太说"配偶"，她可能会听不懂，即使听懂了，心里也不舒服，而如果你说"老伴"，她会很乐意跟你交谈，并听取你的建议。

20 世纪 80 年代末，核电站为国家带来了巨大的利益，但却与群众中普遍存在的核恐惧心理形成矛盾，以致闹出一些风波。如何去做好群众的思想工作呢？假若仅以核专业知识去解说，就会越说越糊涂。这时，就要根据群众的文化知识水平，调动各种口才技巧，对核污染作深入浅出的解说。

一位科学家在向人们解释说明时，是这样说的：核电站在建立的过程中，已采取了一系列严密的防范措施，因此对周围环境的放射性影响微乎其微，核电站附近居民每年所受的放射剂量只有 3 毫雷姆，而每天吸 10 支烟就有 50 ～ 100 毫雷姆，看一次彩色电视就有 1 毫雷姆。因此，即使是核电站发展史上最严重的美国三星岛核电站事故，电站周围居民受的放射剂量也只有 1.5 毫雷姆，还不如戴 1 年夜光表所受的剂量大。煤电站除排放有毒气体和烟灰外，也有放射污染。据对包括核能、煤炭、石油、水力、风力、太阳能等在内的 11 种能源的危险性作的系统比较，核能是除天然气以外最安全的一种能源……

听了这样的说明，即使是缺乏基本科学知识的人，也会对核电站的安全深信不疑。

知识水平与人的经历、职业、文化教养等是紧密相关的。因此，在说服对方时，一定要注意到这一点。

比如，一位才读小学二年级的小朋友见她母亲留客吃饭，便也拖着客人不准走。客人问她有什么好吃的"招待"，她不知道客人在说什么，只是瞪着大眼睛，疑惑地望着对方。客人便赶紧改口，说有什么好吃的，她于是把巧克力、口香糖呀，一口气数开了。而客人和小朋友也便越说越投机了。

语文老师讲课，如果引用一篇学生不熟悉的作品，学生的反应是木然的，若是引用一首他们在儿时熟读过的诗歌，他们便会情不自禁地跟着念起来，气氛也会顿时活跃起来。

因此，在你试图说服对方时，一定要挑选对方能够听得懂的，或者是乐意接受的话语，只有这样，才会让对方明白你的意图，并引起共鸣，从而接受你的建议。而如果你自以为是地显示自己的口才，跟一个大大咧咧的人说话时文绉绉的，势必会引起对方的反感，对方也将很难接受你的建议。

在说服他人时要善于抓住对方的弱点

在说服他人时，有时直接提出自己的要求很难达到目的。因为有些人，你越是求他，他越是架子大，到头来反而会使事情特别麻烦、特别难办。这时，就需要小小地运用一下策略，抓住对方的弱点，把你的难题转移到他的身上去，让他反过来求你办事，当然，最终受益的还是你。

战国时著名的纵横家张仪，早年在楚国游说时非常清苦。有些与他一样的谋士，因忍受不了这种待遇，纷纷决定离开楚国，到其他的国家去谋生。张仪见状，劝阻道："大家先不要急，等我先去见见楚怀王，再做定论。"

楚怀王昏庸无道，整天迷恋酒色，对身边的两位大美人南后和郑袖更是宠爱有加。

张仪见到楚怀王后，开门见山地说："我在楚国一点作为都没有，因此想到晋国去看看，不知大王可否同意。"

楚怀王连想都没想，直接说："那你就走吧。"

张仪又问："不知大王想得到晋国的什么东西？做臣子的愿为大王带回。"

楚怀王不屑地说："我国什么都有，不需要别国的东西。"

"那美女呢？"张仪走近一步，轻声说。

楚怀王愣住了。张仪见其已经动心，赶忙说："大王知道，郑、周两地多有美女，并且像仙女下凡一般，一个比一个漂亮。"

楚怀王本是个好色之徒，这下被击中了要害，立刻精神焕发，忙说："楚国是个偏僻小国，美女自然无法跟中原相比，你如果能带回美女，我自然喜欢。"

于是，楚怀王给了张仪很多金银珠宝作为路费。而张仪将这些财产全部分发给那些想离开楚国的谋士。

张仪要从中原带回美女的消息不胫而走，不久，就传进了南后和郑袖的耳朵里。

几天后，南后派人带着重礼到张仪的府上拜访，使者说道："南后听说先生要去晋国，特命小人送来黄金 1000 两，请先生一定收下，权且作为路上的盘缠。"南后的使者刚走，郑袖也派使者来访，并送来了黄金 5000 两。

张仪心里自然明白，南后、郑袖之所以给自己送如此厚重的大礼，无非是希望他不要从晋国带美女回来。

在这个例子中，张仪见楚怀王的真正目的，是要"工资"。如果直接说，楚怀王可能不会这么痛快更不会这么大方，并且，即使给了，张仪的面子上也无光。而聪明的张仪抓住楚怀王迷恋女色的弱点，绕了个圈，不要钱，而献美女。这就是抓住弱点，不怕不上钩。楚怀王一下就动心了，马上给了他大量的金银珠宝。而南后和郑袖一听张仪要从晋国带回美女，害怕自己失宠，自然着急，于是也赶快派人向张仪行贿。由此，张仪做到了一箭双雕，成功地击中了对方的弱点，达到了自己的目的。

看准并操纵对方的心理进行说服

语言在人们的日常生活中起着举足轻重的作用，几乎每一个人都离不开语言，都要说话，但为什么同样一句话在不同的人嘴里说出来，会产生不同的效果呢？这关键取决于说话者采用什么样的方式。

有些人对事情预测得很准，但他们并非真正的料事如神，有先见之明，只是较其他人善于对事物进行细致入微的观察和思考，并养成习惯。久而久之就会形成相当强的分析能力，然后综合各种信息，对各种事物进行预测和估计，从而抓住对方的心理。

晚清时期，湖南有个道台叫单舟泉。这人善于观察，办起事来面面俱到，因此，大小官员都很佩服他，朝廷也非常器重他。

有一年，一个在中国旅游的外国人上街买东西，有些小孩因未见过洋人，便追随着他。洋人很恼火，手拿棍子打那些孩子。有一个孩子躲闪不及，被打中太阳穴，没多久就死了。

小孩的父母当然不肯罢休，就和邻居们一齐上来，要把那个外国人扭送到官府。外国人则举起棍子乱打，连旁边看的人都被打伤几个。这样，激起公愤，大家一齐上前，捉住那外国人，用绳子将他捆了起来，送到衙门。

一边是人命关天的大事，一边又是不敢得罪的外国人，因此，衙门中的人都感到棘手，不知道该怎么处理这个案子。

此事确实难办，大家冥思苦想了好长时间，也没有找到合适的解决方法，最后，不得不请单道台亲自出面。单道台有着丰富的办案经验，他一出手，就把这件事办得利利落落。

一方面，他认为湖南阔人很多，而且民风开放，如果办得不好，他们会起来说话，或者聚众为难外国人，到那时，想处治外国人做不到，而不处治也办不到。因此，不如先把官场上为难的情形告诉他们，请他们出来帮忙解决难题。

只要绅士、百姓共同出动，出面同外国领事硬争，形成僵持局面，外国领事看见老百姓行动起来，就会害怕，因为洋人怕百姓。到这时，再由官府出面，去劝服百姓，叫百姓不要闹。因为百姓怕官，所以他们也会听话。而外国领事见他劝服了老百姓，也会感谢官府。

打好主意后，他马上去拜会几个有权势的乡绅，要他们齐心合力与领事争辩。倘若争赢了，不但能为百姓伸冤，而且为国家争了面子。

此话传出去，大家都说单道台是一个好官，能维护百姓利益。他又来到领事处，告诉领事，如果案子判轻了，恐怕百姓不服。外国领事听他这么说，又看着外面聚集的人群，果真感到害怕。

此时，单道台又安慰领事说："其实领事也不必太害怕，只要判决适当，我尽力去做百姓的工作，不会让他们胡闹。"

案子判了下来，虽然也是虎头蛇尾，但单道台却三面得到好处：抚台夸他处理得好，会办事；领事心里感激他劝退百姓，没有闹出事来，于是替他讲好话；而百姓们，也一致觉得他是维护大家的，认为他是个好官、清官。

在这个例子中，单道台之所以能够取得成功，就在于他能够很好地抓住人们的心理，并且善于操纵这些心理。他看准乡绅、领事、百姓心里的想法，知道怎样处理可以使各方都受益。这样，单道台不仅解决了这个棘手的案子，而且使各方都心甘情愿地接受了自己的建议。

故意显示自己的缺点来拉近彼此的距离

民间有一句谚语说："低头的稻穗，昂头的稗子。"越成熟，越饱满的稻穗，头垂得越低。只有那些果实空空的稗子，才显得招摇，始终把头抬得很高。老子说，坚硬的牙齿脱落时，柔软的舌头还在。柔弱胜过坚硬，谦逊胜过骄傲。我们应当学会在适当的时候保持适当的低姿态。这绝对不是懦弱和畏缩，而是一种聪明的处世之道，是人生的大智慧、大境界。

比如，在一群成绩不好的学生面前，故意写错一个简单的字，或故意说错一句话，让学生们认为老师也会有犯错误的时候。或者在那些自卑的人面前，故意说这件事情自己恐怕做不好，让他知道别人也有失去信心的时候，从而会使双方的关系更为亲近。

同样的道理，当你要说服那些在某方面比你差的人时，也可以采用这种方式。比如，在你应邀到某地演讲时，发言前故意说一些有意思的小故事，或者做一些简单的小动作，可以使会场的气氛立刻变得轻松起来，听众也更容易接受你的演讲。

有个知名的教授，就经常用这种方式来"俘获"听众的心。为了消除听众和自己之间的隔阂，在演讲前，教授会讲一些小笑话，引得全场哄堂大笑。在笑声中，听众会觉得，原来教授并不像自己想象的那么严肃、认真，而是像公园里晒太阳的老大爷那么和蔼可亲。于是，在一种祥和、随便的气氛中，听众会很自然地接受教授的观点。在教授的演讲中，很少有睡觉、窃窃私语或者中途离场的情况，这不可不说是一种有效的说服方式。

在第一次见面时，如果双方的地位悬殊，地位较低的一方会产生自卑感，从而会使谈话显得过于庄重，失去了应有的随便、亲切，这样的谈话对双方来说都是一种折磨。因此，地位较高的一方就应该采取一些措施，消除对方的自卑感。比如，他可以说一些自己的小缺点，让对方觉得这个人也挺普通的，或者恭维一下对方，让对方看到自己的价值与优点，从而缩短彼此的距离。这样，就会使那些自卑的人从心理上产生一种亲切感，会更愿意跟你接近，也更容易接受你的建议。

一个人，如果说话时毫不考虑对方的立场，那么双方的距离就会越发显得疏远，你也就无法将对方说服。相反，如果你能时时考虑到对方的感受，对方就会觉得自己被重视，会在心里向你靠近，你的说服就会更有力量。

对心理上感觉有差距的听者，故意说些错误的话降低自己的身份，拉近彼此的距离，会让自己的说服更容易打动对方的心。

利用人们崇尚名人的心理说服顾客

攀龙附凤之心大部分世人都有，谁不希望有个声名显赫的朋友？如果能跻身于他们的行列，自己也便沾上了荣耀，在别人眼里也就身价大增了。

许多人都崇拜名人，对名人的话俯首恭听，唯命是从。因此，在说服顾客时，如果能够使自己的商品与某个名人挂上钩，销路自然大开。

北京市北海公园琼岛北面，有家名叫"仿膳饭店"的老饭庄，已有数十年历史。虽然这里的饭菜全是仿照清朝宫廷菜点的方法烹制，但生意一直很淡。后来他们通过调查，发现外国游客大都对皇帝的起居饮食怀有浓厚兴趣，于是决定将"皇帝吃过的饭菜"作为仿膳的特色，大张旗鼓进行宣传。

他们搜集了许多关于宫廷菜点的传说和有关的逸事，编成故事，让服务员背下来，在点菜、上菜时根据不同顾客、不同场合加以介绍，生意一下子变得兴盛起来。

一次，美国华盛顿市长在这里举行答谢宴会。席间，服务员端上一盘点心，彬彬有礼地介绍说："慈禧太后夜里梦见吃肉末烧饼，第二天早上碰巧厨师为她准备的正是肉末烧饼，她高兴极了，认为这正是心想事成、吉祥如意的象征。今天各位吃的，就是当年慈禧太后梦寐以求的肉末烧饼，愿大家今后事事如意，步步吉祥！"

一席话，把美国客人逗乐了。华盛顿市长高兴地敬了服务员一杯酒，说："下次来北京，愿再来你们这里做客！"

许多商业广告不惜重金聘请名人，实际上就是想借名人之力达到促销的目的。名人都喜欢用的东西，普通人心理上容易认同，会觉得自己和某名人用同一个品牌的东西是种荣耀。同样是消费，多一层攀龙附凤的光环，自然很多人愿意借这个光。

美国一家公司所生产的天然花粉食品"保灵蜜"销路不畅，经理绞尽脑汁，希望能够找到激起消费者需求热情的途径，使消费者相信"保灵蜜"对身体大有益处。如果单单通过广告宣传未必能够奏效，因为这种方式大家见得多了。

正当她一筹莫展的时候，该公司一位负责公共关系的工作人员带来喜讯：美国总统里根长期吃此食品。原来，这位公关人员非常善于结交社会名人，常常从一些名流那里得到一些非常有价值的信息。这一次，她从里根总统女儿那里听到了对本企业十分有利的信息。据里根的女儿说："20 多年来，我们家冰箱里的花粉从未间断过，父亲喜欢在每天下午 4 时吃一次天然品，长期如此。"

后来，该公司公关部的另一位工作人员又从里根总统的助理那里得到信息，里根总统在强身健体方面有自己的秘诀，那就是：吃花粉，多运动，睡眠足。

这家公司在得到上述信息并征得里根总统同意后，马上发动了一个全方位的宣传攻势，让全美国都知道，美国历史上年纪最大的总统之所以体格健壮、精力充沛，是因为常服天然花粉。于是"保灵蜜"风靡美国市场。

名人一般都具有显赫的知名度和美誉度，对于普通消费者而言，名人是比较熟识的群体，心理上会习惯将其代言的产品与其本身相挂钩。

因此，作为经商者，要善于运用消费者的这种心理，来说服更多的消费者加入自己的市场之中。

以同病相怜的方式赢得对方的好感

很多人总是抱怨自己不受欢迎，其实自己是否想过，在人与人交往中是否过多地坚持自我，没有注意别人呢？如果稍微改变一下自己，和对方保持一致，可能就会成为一个受欢迎的人。

有一位中学教师，工作认真积极，待人真诚，关心学生，因此，深受同事和学生们的喜欢。更可贵的是，这位老师非常善于做思想工作，在说服学生方面很有一套策略。

在他的班上，有一个很聪明的男同学，升初中时，成绩在全班名列第三。可是在期末考试中，他却落到了第二十七名。这位老师左思右想也找不出这位同学退步的原因。后来，在一次家长访谈中，他了解到了这位学生退步的原因。

原来，这个学生有尿床的毛病，为这事他觉得很羞愧，再加上家长的处理方式不当，从而给他造成了沉重的心理压力，最终影响了学习成绩。

这个问题很棘手，如果只是劝说，会让这位学生更难堪，心理压力更重。但如果放手不管，让这位学生自己消化，可能会就此将他耽误了。这位老师想了很长时间，并翻阅了很多心理方面的书籍，终于找到了一个好办法。

放学后，这位老师把学生带到了学校的小树林里，这里很安静，特别是放学后，很少有人经过。老师先跟他扯了一些班里的杂事以及他父母的工作之后，问道："我听你父母说你尿床，这是真的吗？"

听到这句话，学生的脸一下子就红了，头也垂得低低的。老师微笑着看着他，并把他朝身边拉了拉，握住他的手说："其实，尿床没什么大不了，专家们说了，十几岁的少年儿童中，有相当一部分人都尿床，只不过是许多家长不声张罢了。"

见学生仍一声不吭，老师继续说："并且，老师我像你这么大的时候也尿过床。"说完，还不好意思地笑了笑。

"真的？"学生抬起了头，很惊奇地望着老师问道。

"怎么不是，而且一直延续到初中快毕业。有时一夜尿两三次，睡梦中，我急死了，到处找厕所，找到一个墙角，拉开裤子就尿，结果就尿了一床。"

"哎呀，我也是这样。"学生仿佛找到了知音，羞怯之情一扫而光。接着，师生俩你一言我一语，扯开了"尿经"，讲到好笑的地方，一起放声大笑。此时，他们已没有师生之别，就好像是两个"尿友"在交流经验。

"后来你是怎么不尿床的？"学生突然问老师。

"我啊，到了 15 岁就自然不尿床了。"老师装着是在回忆，慢慢地说，"那时我初中还没毕业，不知不觉地就好了。"

学生掰着手指，认真地算了算说："我今年 13 岁，再过两年，我也会好了？"

"那当然！"老师肯定地说，"尿床不是病，到了发育的年龄，就会自然地好了，因此，你不必为这件事烦恼。"

当他们从小树林走出来的时候，学生已完全没有了压力，不住地说呀笑呀、蹦呀跳呀。

后来，在家长、老师的默契配合下，那位学生终于放下了思想包袱，摆脱了困境，学习也大有长进。

在这个例子中，老师以"同病相怜"为突破口，使学生跟自己的心贴近，然后，再一步步地对学生进行劝说，使其接受自己的意见。通过这种方式，这位老师最终解除了学生的心理压力。

因此，在我们碰到一些比较尴尬的事情时，不妨也可以运用这种办法，先消除对方的难堪心理，然后再说服。

以自己的影响力为突破口，让对方不得不低头

当我们试图说服别人时，如果用其他的方法都不行，不妨找一找自己对对方的影响，然后，以这个影响为突破口，让对方不得不低头。

求人办事是件难事，由于种种原因，有时候你越是跟人说好话，别人的架子就会越大，于是离你的目标就会越远。这时，你不如找个突破口，看看自己对对方有什么影响，然后，以此为突破口，让对方不得不答应你的要求。

克莱斯勒汽车总裁艾科卡，就是由于很好地找到了本公司对国会议员的影响，然后，以这个条件为"要挟"，最终使政府同意为克莱斯勒的贷款提供担保。

艾科卡最初是在福特公司任职的。但是，因为发生了一件令人很不愉快的事情，他不得不离开福特，来到了克莱斯勒。刚接手克莱斯勒时，艾科卡虽然知道自己所接的是个烂摊子，但没有想到情况竟如此地严重。

艾科卡心急如焚，担心克莱斯勒会就此瓦解在自己的手上。并且，如果不能很好地将克莱斯勒拯救起来，那么，不仅会使自己东山再起的愿望受到影响，还会让那些一向对自己有敌意的人趁机落井下石。

此时，克莱斯勒已陷入了困境，他必须寻求外力支援才能渡过难关。但是，谁能有这么大的力量来协助一个濒临倒闭的汽车企业呢？

最后，艾科卡想到了美国政府。事实情况就是这样，只有政府才能够帮这个忙，将克莱斯勒从困境中解救出来。

艾科卡做出了决定，要说服美国政府同意担保克莱斯勒公司12亿美元的债务。接下来，就是如何说服议会的议员们接受自己的请求。为了实现这一目的，艾科卡来回奔波于公司和华盛顿之间。但是，任凭他说破了嘴，议员们不是无动于衷，就是避而不见。

艾科卡知道，如果只用恳求的方式是办不好这件事情的，因此，他在寻找突破口。最终，这个突破口被他找到了。

他暂时停止了华盛顿的旅行，回到公司整理克莱斯勒各地公司和工厂的员工名单，依选区的分布而分类列册，并且发动所有员工将其亲戚朋友的名单也一一列入。

经过所有员工多日的努力，艾科卡的手上有了满满一箱的名册，而且依选区的不同分类整理得清清楚楚。

带着这些名册，艾科卡再次来到了华盛顿。议员看到，在自己的选区内竟有这么多克莱斯勒的员工，立即转变了态度，坐下来思考艾科卡的建议。

当然，艾科卡最终获得了成功。议会通过了决定，同意由政府来为克莱斯勒担保12亿美元的债务。而克莱斯勒，也起死回生了。

　　艾科卡之所以能够取得成功，就在于他准确地抓住了突破口，即本公司员工对国会议员的选举会产生很大的影响。就凭这样的条件，使国会议员不得不重视自己的要求。最终，他们为了自己的利益，答应了艾科卡的要求。

从消除对方的心理障碍入手

战国时代的谋士，都是驾驭言语的高手。在《战国策》里，记载了这样一则故事。

靖郭君是齐国的贵族，原来很受齐王重用，在国内很有权势。后来他与齐王发生了矛盾，担心有朝一日会与齐王闹翻。于是，打算在自己的封邑四周筑起城墙，以防止齐王的进攻。

这一举措显然太不明智了，以一个家族的力量与强大的齐王相抗衡，无异于以卵击石。筑起高高的城墙，不但挡不住齐王，反而会使双方的关系进一步恶化，自速其祸。因此，众门客纷纷劝阻，无奈靖郭君十分固执，不但不听，而且命令守门的人不得为说客通报。

正当众人束手无策、焦头烂额之时，一个齐国人自告奋勇，上门求见。他向靖郭君保证，见面时只说3个字，多一字愿受烹刑。这人许诺了这样奇特的条件，使靖郭君产生了好奇，终于同意门人放他进来。

进门之后，这人十分严肃地凝视着靖郭君，过了好长时间后，才慢慢吐出了3个字："海、大、鱼。"说完，转身就走。

靖郭君听后大惑不解，忙叫住他追问，那人却不肯多说。直到靖郭君声明前面的约定作废时，他才作了进一步的解释。他对靖郭君说："先生没看见海中的大鱼吗？何其逍遥自在，鱼网捕不住它，鱼钩钓不到它。然而，一旦离开大海，在沙滩上搁了浅，就连小小的蝼蚁也能群起而攻之，把它当作口中之食。如今齐国就是您的大海，若有齐王的宠信，您何须筑城？倘若失去了齐王的支持，即使把城墙筑得再高，又于事何补？"

靖郭君听了这番话，不由得连连称是，也放弃了筑城的计划。

这位说客之所以能够打动靖郭君的心，是因为他消除了对方的心理障碍。

从交际心理学的角度看，规劝这一行为方式本身带有某种暗示。即对方犯了错误，提出规劝的人真理在握，特来帮助对方，为对方指点迷津。因为这一暗示与听话人的自尊心相抵触，因此，很容易引起听话人的反感。

就靖郭君而言，这种抵触心理表现得尤为强烈——不仅拒谏，而且闭门谢客。因此，不难想象，众门客之所以劳而无功，有很大一部分原因，可能就在于他们不懂得分析倾听者的心理。心理障碍不消除，再有说服力的言辞也无济于事。

这位齐人的游说工作，正是从消除心理障碍入手的。首先，他用"海、大、鱼"3个字激起了靖郭君的好奇心。按常理，会话时，话语应该围绕特定的话题展开。"海、大、鱼"3个字，从字面上看，和当时双方共同关心的话题——筑城无丝毫联系。这样一句莫名其妙的话，不能不使靖郭君心痒难搔，好奇之心大起。好奇心一起，则主客之势互易。本来是靖郭君摆开了架势，严阵以待，准备拒谏；现在却是放下架子，好言安抚，虚心求谏。

不过，要克服靖郭君的心理障碍，光引起他的好奇心是远远不够的。如果没有其他策略相配合，真话仍然不可能被他听进去。这位齐国人所采用的第二个重要步骤便是迂回出击。虽然靖郭君有了求谏的表示，他却并不急于谈论筑城这件事，因为"筑城"是个敏感话题，过早触及这个话题，会唤醒靖郭君的戒备心理，使他重新回到原先的封闭状态。

因此，这位老练的说客开始时，仍然若即若离地大谈"海"和"大鱼"的故事。直到他把"大鱼"对"海"的依存关系充分论述清楚，并清晰地描绘出大鱼"荡而失水"为蝼蚁所食的血淋淋的残酷景象之后，才画龙点睛地道出这则寓言的真意所在。

这对靖郭君来说，无疑是醍醐灌顶，当头棒喝，不由得他不幡然醒悟，马上放弃筑城的计划。

在这里，这个人所使用的方法，就是消除对方的心理障碍，然后再进一步加以说服。通过这种方法，可以为自己的说服开山辟路。如此一来，达到说服的目的就不会是什么难事了。

第三章

用事实和气势压倒对方，迫使其信服

俗话说，事实胜于雄辩，只要有充分的事实根据，就不怕对方不低头。在说服对方接受自己的观点时，气势起着很重要的作用，有时在气势上压倒对方，会迫使对方信服。

用事实来说话比用语言更有说服力

说服别人不一定非得用语言，有时用行动来说服，可能会取得更好的效果。因为行动可以说明一切，用事实来说话，比用口头语言更有说服力。

同龄的两个年轻人同时受雇于一家超市，并且拿同样的薪水。但是不久之后，杰森青云直上，而汤姆却在原地踏步。

对于这种不公平的待遇，汤姆心里十分不满。终于有一天，他找到老板，吐诉了自己的不满。老板一边耐心地听着汤姆的抱怨，一边在心里盘算着该怎样解释清楚他和杰森之间的差别。终于，老板想到了一个很好的主意。

"汤姆，"老板说道，"一会儿你到集市上去看一下，看看那里在卖些什么东西。"

一会儿，汤姆从集市上回来了，向老板汇报说，集市上只有一个农民拉了一车土豆在卖。

"有多少？"老板问。

汤姆赶快跑到集市上，回来后对老板说一共有 40 口袋。

"多少钱一斤？"老板又问。

汤姆只得第三次跑回集市，回来时已经累得上气不接下气了。

"好吧。"老板对他说，"现在你坐在这把椅子上，什么话都不要说，看看杰森是怎么做的。"

然后，老板把杰森叫了进来，说道："杰森，你到集市去一趟，看看今天早晨有卖什么的。"

杰森很快从集市上回来了，并报告说到目前为止，只有一个农民在卖土豆，一共有 40 袋，并且还打听了价格是多少。他说，土豆质量很不错，他带回来一个让老板看看。这个农民一小时之后还会再弄来几箱西红柿，据他看价格也非常公道。

昨天超市里的西红柿卖得很快，库存已经不多了，需要再进一些。因此，他想这么便宜的西红柿老板一定会买一些，所以，他不仅带回来一个西红柿当样本，还把那个农民也带回来了，现在他正在门外等着。

此时，老板转向汤姆问道："现在，你肯定知道为什么杰森的薪水比你的高得多了吧？"

汤姆听完，一声不吭地走了。

汤姆跑了三趟，才在老板的不断提示下，了解了集市的部分情况。而杰森仅跑了一趟，不仅掌握了老板需要的信息，还掌握了老板可能需要的信息。

在整个过程中，老板没有批评汤姆一句，也没有表扬杰森一句，只是让他们用行动来证明自己的不同：汤姆是那种上司吩咐什么自己就干什么，从不动脑的人；而杰森，则是那种办事高效、头脑灵活的人，这种人不仅能办好上司吩咐的事，还会办好与自己的工作有关的事，更好地协助老板干好工作。

因此，杰森比汤姆升得快，工资拿得多，是合情合理的。老板正是用这种比语言更有说服力的事实来使汤姆消除了心中的不满，从而可以安心地工作。

留下良好的第一印象

当你新到一个地方，与素不相识的人初次见面时，必定会给对方留下某种印象。这在心理学上叫作"第一印象"。从第一印象所获得的主要是关于对方的表情、姿态、仪表、服饰、语言、眼神等方面的印象。它虽然零碎、肤浅，却非常重要。因为，在先入为主的心理影响下，第一印象往往能对人的认知产生关键作用。研究表明，初次见面的最初 4 分钟，是印象形成的关键期。

心理学家阿希 1946 年以大学生为研究对象做过一个实验。他让两组大学生评定对一个人的总的印象。对第一组大学生，他告诉他们这个人的特点是"聪慧、勤奋、冲动、爱批评人、固执、妒忌"。很显然，这六个特征的排列顺序是从肯定到否定。对第二组大学生，阿希所用的仍然是这六个特征，但排列顺序正好相反，是从否定到肯定。研究结果发现，大学生对被评价者所形成的印象高度受到特征呈现顺序的影响。先接收了肯定信息的第一组大学生，对被评价者的印象远远优于先接收了否定信息的第二组。这意味着，最初印象有着高度的稳定性，后继信息甚至不能使其发生根本性的改变。

心理学家陆钦斯 1957 年运用文字描述材料所做的研究，也验证了首因效应的存在。他用两段文字材料描绘一个叫吉姆的学生。一段将吉姆描绘成一个友好、外向、乐于交往、快乐的人，说"吉姆去买文具，与两个朋友一起边走边晒太阳。他走进一家文具店，店里挤满了人，他一面等待店员招呼，一面与一个熟人谈话……"。

另一段文字则将吉姆描述成呆板、害羞和内向的人，说吉姆"放学后，独自一人离校，在阳光明媚的马路上，他走在背阴的一边……"。

陆钦斯的研究发现：只看外向段描述的人，绝大多数将吉姆看成了友好、外向的人；只看内向段描述的人，绝大多数将吉姆看成了沉默、内向的人；而当两个段落合在一起呈现时，多数被试对于吉姆的印象只是根据先出现的第一段材料，无论将哪段材料放在前面都是如此，第二段材料所发生的影响很小。

为什么第一印象如此重要？这是因为最初印象对于后面获得的信息的解释有明显的定向作用。也就是说，人们总是以他们对某一个人的第一印象为背景框架，去理解他们后来获得的有关此人的信息。譬如，前面所提到的陆钦斯的研究，当人们先看了外向段之后再看内向段，人们会认为内向段中所描述的吉姆的表现，是因为他当天在学校里正好赶上了不顺心的事，而吉姆实质上是外向的人。反之亦然。

以上实验告诉我们，在人际交往中，我们要注意给初次见面的人留下一个好的第一印象。那么如何才能给人留下好的第一印象呢？

1. 要做到谦虚不自卑，自信而不固执，倔强而不狂妄。还要注意充实知识，用丰富的学识、敏锐的思想、广泛的兴趣、独特的个性获取别人的好感。

2.要堂堂正正做人，心地善良，待人诚恳，做人正派。在与别人交往中，要尊重对方，讲究礼仪。

3.要善于语言表达。不管是在座谈会上，还是在朋友相聚的场所，如果你有见解，就要大胆地表明，如果一言不发，一味害羞，不敢启齿，不仅让别人认为你软弱无能，而且会在众人面前降低你的价值。当然，语言表达，要注意掌握分寸，注意发言场所，切忌花言巧语，令人讨厌。

先声夺人令对方不能不低头

在现代各式各样的社交公关活动中，若要说服他人，为自己赢得利益，就不能不靠自己充满自信、气度不凡的言辞来打动对方，赢得对方。

一个没有气势的人，就如"脊椎"病变的人，"屹立不倒"只能是一个神话。有气势者，在生活和工作上都一定是强者，没有气势者必将沦为弱者。机遇和命运从不会垂青弱者。

有一次，美国洛杉矶的华裔商人陈东，在香港繁荣集团购买了一批景泰蓝，言明一半付现金，一半付一个月期票。交易那天，陈东却不出面，派来儿子陈小东。

一个月后，期票到期了，银行却退了票。几经联系，陈东一推再推，后来索性连电话都不接了，繁荣集团这才知道上了圈套。

集团老板陈玉书说："除非他永远缩在美国，不在香港做生意，只要他来香港，我一定会让他把钱交出来。"陈玉书广布眼线，查询陈东的消息。

终于有一天，陈东来到了香港。陈玉书马上派人同他联系，并以鸟兽景泰蓝优惠售价为诱饵，将陈东请到了自己的公司。

陈东刚在沙发上坐下，陈玉书从外边一脚把房门踹开，大声说道："陈东，你上当了！"这时，陈东脸色大变，愣在了那里。

"你既然来了，就让我处置你吧。"陈玉书把手伸到他的面前，说道，"我的钱呢？"

"我没欠你的钱，是我儿子欠的。"陈东狡辩道。

"不是你在电话里答应，我怎么会让你儿子取货？"

"儿子欠债，要老子还钱，这不符合美国法律！"

"现在你是在香港！你今天要是不还钱，就别想走出这个门！"陈玉书厉声说道，"我们这些人是讲道理的，对不讲理的人我们总有办法处理。你知道我是混出来的！"

俗话说：软的怕硬的，硬的怕横的，横的怕不要命的。这时，陈东冷汗直流，用手摸着胸口又忙掏药，看样子心脏有点不妥。

陈玉书对陈东说："你不用怕，只要你还了我的钱，我自然会放了你，也绝对不会伤害你，否则，后果很难说。"

陈东知道抵赖是无用的，诡计也施不上了，只得乖乖地打电话给一个珠宝商人，叫他开支票。

在这个例子中，陈玉书之所以能够取胜，是因为他在恐吓时先发制人，占据了心理优势，在对垒中取得先机。中国有句俗语，"先下手为强，后下手遭殃"，说的就是这个道理。先下手的人总能占据优势，或是地理上的，或是心理上的，而后下手的人，相对来说就比较被动，被动就要挨打。因此，先发制人不管是用在说服别人，还是别的什么地方，都不失为一个好办法。

在生活中，很多人一听要与强敌对阵，内心就会立刻恐慌起来，或者临阵脱逃。其实，这种做法是很不可取的。如果你在对阵时能够先发制人，就会减轻自己的这种压力，并且会增加对方的心理压力。这样，就可以达到自己的目的了。

　　同样，在说服时，也可以用这种方式。只要你能够先声夺人，占据心理优势，那么，对方就会认真考虑你的建议或者要求，而如果你能够配以步步紧逼，不给对方喘息的机会，你的目的就可以很快地达到。

在对方的信誉问题上做文章，迫使其就范

在欠款单位进行其他业务时，以己为证，故意指责其不守信誉，就会使对方不得不还债。要知道，做生意的人都不想被指责不守信誉，这样会因小失大，到最后吃亏的还是自己。

小靳去湖南推销产品，很快便与百货批发公司签订了 18 万元的供货合同。发货后，等了很长时间，货款却始终没有收到。

厂长因此很恼火，让小靳前去讨债，并且声称，如果讨不回来，就把他调离本职工作。

小靳来到百货公司，业务部凌主任拉住他诉了一通苦，说明暂时无还款能力。小靳心里明白，这只是不想还款的借口罢了，批发公司天天卖货，天天进款，怎么会无力还款呢？

于是，小靳决定使用讨债的老办法，即打"持久战"。就这样过了十来天，凌主任热情有余，就是不还账，小靳心里不禁急了起来。他想，要是再这样下去，自己非败下阵来不可，一定得想个好办法。

这天，又有一个业务员来推销产品，该产品在此地销路很好。并且，小靳还知道，百货公司仓库里这种货早已断档。

凌主任见有货上门，心里十分高兴，很快又与来推销产品的小赵签了合同，而且在合同之外又另签了一份协议书，内中规定，凌

主任的百货公司今后长期为该产品在湖南的总经销单位，他是想让这项产品"独霸一方"。

中午，凌主任设宴招待小赵，顺便也把小靳请了去。喝酒是联络感情的好方式，大家又都是搞销售的，小靳和小赵很快熟悉了，而且性格相投，成了好朋友。

晚上，小靳去招待所看望小赵，谈话中小靳告诉小赵，这家百货公司状况不好，而且不讲信誉，接着，小靳向他讲述了自己的经历。小赵听完之后，心想，自己也是初次和凌主任打交道，如果真要像小靳那样，时间长了，非陷进去不可。

第二天，小赵去找凌主任，要求重新签订合同，款到发货，并且不同意由该公司做他们厂产品的总经销单位。凌主任不明所以，忙问因出何处。

小赵说："咱们是第一次做生意，互相还不太了解。我听说你们公司最近效益不好，资金也很紧张，等咱们再接触一段时间，相互了解之后，再谈合同的事吧。"

凌主任很着急，如果小赵和别的单位签订供货合同，那么，就会对自己造成损失。于是，凌主任就向小赵讲述自己如何守信用，如何讲信誉。

"我厂的货款为什么至今未还？"小靳及时插了一句。

此时，凌主任终于明白了，赶忙解释道："这只不过是暂时的困难，谁能没有困难呢？昨天我们收到了几笔购货预付款，约有40多万元，付给你厂绰绰有余，而且明天还有几个单位来带款提货，你就是不来，我也会把款给汇过去的。"凌主任当着小赵的面，想以实际行动证实自己是讲信誉的。

"那么，下午能给我办一张汇票吗？我想亲自带回去。"小靳说。

"不用等到下午，我现在就通知财务。"凌主任果真拿起了话筒，接通了财务室。

不到中午，出纳员便把一张 18 万元的汇票交到了凌主任手里。

"钱可以给你，但你不能就这么回去，得陪小赵玩两天，大家也算是好朋友。"凌主任把汇票交给小靳，他明白，解铃还须系铃人，自己能不能和小赵达成协议，还得靠小靳。

小靳把汇票拿到手，心里一块石头总算落了地。

这个方法是一个比较高端的技巧，一定要把对方的痛点抓住，掌握住全局。在不断积累经验的过程中，使自己不断地提高。

用恩威并重的方式令对方屈服

任何一个领导人，都应该用恩威并重的方式赢得下属的心，让他们在工作时更加努力。这样，领导者的工作才算是真正做好了。

在《美国商业周刊》中，有一篇文章专门介绍了通用公司执行总裁杰克·韦尔奇。在文中，作者引用了密歇根大学管理学院一位教授的话："20世纪有两个伟大的企业领导人，一个是通用的斯隆，另一个则是韦尔奇。但两人比起来，韦尔奇又略胜一筹。因为韦尔奇为20世纪的经理人树立了一个榜样。"

韦尔奇重视底线和结果是有名的。当年他新官上任三把火，公开宣称凡是不能在市场维持前两名的实业，都会面临被卖或被裁撤的命运。很多通用的员工抱怨韦尔奇的要求太严。无论在生产上打破多少纪录，韦尔奇总嫌不够。员工就像柠檬，汁液都被韦尔奇挤干了。

但是，韦尔奇并不是只知严厉，他还很注意照顾员工，让他们有一种被重视的感觉。

当年，有一位通用的中层主管在韦尔奇面前第一次主持简报，由于太紧张，两腿发起抖来。这位经理也坦白地告诉韦尔奇："我太太跟我说，如果这次简报砸了锅，你就不要回来了。"

在回程的飞机上，韦尔奇叫人送一瓶最高级的香槟和一打红玫瑰给这位经理的太太。韦尔奇的便条写道："你先生的简报非常成功，我们非常抱歉害得他在最近几星期忙得一塌糊涂。"

秦朝丞相李斯说："泰山不让土壤，故能成其大，河海不择细流，故能就其深。"没有对不美、不如意的鄙薄，只有对短小缺憾的包容；没有对不能的断言，只有"能成"的震撼！

李斯投靠在秦国承相吕不韦的门下，由于巧舌善辩，被秦王政，也就是后来的秦始皇看中，任命为客卿。所谓客卿，就是外来的官员，李斯本是楚国人，所以这样任命他。

一次，韩国给秦国派来了一个姓郑的水工，相当于我们现在的一位水利工程师。这个水工给秦国出了个主意，让秦国开凿一条巨大的渠，引泾河的水来灌溉农田。很显然，这是韩国的计谋，目的就是用如此浩大的工程来耗费秦国的实力，让它没有力量再打韩国。

水渠投入建设后，秦王开始还满意，但是后来越来越疑惑，最后终于领悟了这是个计谋，他很生气，要杀这个姓郑的水工。同时，也对客卿产生了不满，大臣们则开始怀疑所有客卿都居心不良，他们联合请求秦王下逐客令。而李斯也在被逐之列。

可是李斯是一个野心家，他早就看到了秦国的壮大，他把所有的抱负都赌在了这里，怎么能忍受被驱逐呢？于是，他给秦王上了一道奏疏，即《谏逐客书》。

李斯劝谏秦王，用人不能只用秦国的人，要广泛地网罗人才，这是符合秦国利益的。嬴政感动于那句"泰山不让土壤，故能成其大；河海不择细流，故能就其深"，接受了李斯的建议，废除了逐客令，进而重用李斯。

　　李斯也不负所望，辅佐朝政二十多年间，秦王吞并六国，统一天下，自称始皇帝。李斯也升为丞相。他又提出了许多改革的措施，使秦国越来越富强。

用事实消除别人的不信任感

事实胜于雄辩，掌握充分的事实依据是令对方折服的法宝。因此，对付那些巧舌如簧的人，不妨拿出实际证据，让他们不得不低头。这样，既给予对方有力的还击，免除了自己的尴尬，也达到了说服的目的。

两位青年农民在给玉米施肥时，因猪粪离庄稼的远近而争执起来。

甲说："猪粪离庄稼近好，因为离得近，便于庄稼吸收，肯定能长好。"乙说："照你这样说，应该把庄稼种到猪圈里，肯定会长得更好。"甲说："你这是胡搅蛮缠。"

这时，一位中年农民走了过来，这两位青年人赶快拉住这位中年人，让他评评理。中年人听完他俩的争论，笑着说："你们俩说得都不对。猪尾巴离猪粪最近，我也没见它长得有多好。"

一句话，使在场的人都笑了起来，而两位青年也低下了头。中年人拿常识开了个玩笑，一语点破了两位青年的诡辩，并且具有强烈的幽默效果。

因此说，当你明白别人是在诡辩时，千万不要跟他讲道理，因为越讲事情反而越糊涂，最后，连你自己也搞得不知道所以然了。而最好的办法，就是找出充分的事实依据，用事实说话，让对方在事实面前不得不低头。

有时，当人们担心某事时，如果你不住地劝告，不会有什么效果，人们也未必肯把你的劝慰放在心上。这时，最好的办法就是用事实来说话。你不是担心某事会发生吗？我就让你看到它绝对不会发生。这时，人们会在事实面前放下心来，你也达到了说服的目的。

在城市的某一角落，有一对来自苏北农村的年轻夫妇。他们靠自己的手艺在城市的一隅谋生。随着时间的推移，他们的生意愈做愈好，做出的烧饼非常热卖，有时甚至还会出现排队等货的场景。因为小忠与他们是老乡，且他们的烧饼炉又是他上下班必经之地，小忠也经常成为他们的主顾。

记得有一次下班，顺道经过时，小忠又习惯性地停下车，掏出一枚一元的硬币递过去。只是小伙子的动作有点迟疑，憋了半天，才用略带沙哑的声音问小忠："对不起，今天的面发得不好，您还要吗？"问这话的时候，他的爱人怯怯地站在一边，仿佛做错事的孩子。当得到小忠肯定的答复后，小两口都抬起头来，连声说：谢谢！谢谢！这让小忠心中溢满感动，一种受到尊重和理解的感动。

现在看来，小两口的生意越做越红火也就不足为奇了。

在这个故事中，小两口就是用自己的真诚打动了小忠。让小忠不但没有嫌弃烧饼因面没发好而受到影响，而且还对这对夫妇心里充满了感动。所以，你把事实摆在别人面前，用一种谦虚的态度与对方进行沟通，当然就会收到意想不到的效果。

据理力争，用事实驳斥对方的谬误

在与人论辩时，如果事理对自己有利，一定要据理力争，用事实驳斥对方的谬误，从而使对方败下阵来。在说服时也是同样的道理，你用事实说服别人，对方自然会在你面前低下头来，并接受你的建议。

抗战期间，厦门大学的一位英籍客座教授在一次酒会上大放厥词，诬蔑厦大不如"英伦三岛之中小学校"，说什么"欧美开风气之先导，执科学之牛耳"，他们国家有诗圣拜伦、雪莱，剧圣莎士比亚，现代生物学之父达尔文，力学之父牛顿；而中国虽然地大物博，却"国运蹇促"，又怎么称得上"物华天宝，人杰地灵"之邦？

当时，厦门大学的校长是萨本栋，他一听这话，立即理直气壮地反驳道："教授先生，你别忘了，中国的李白、杜甫如黄星经天之日，英伦还处于中世纪蒙昧蛮荒之时；中国李时珍写下了《本草纲目》，达尔文的父亲祖父还不知道是何许人。"

英籍教授一听，顿时恼羞成怒，大声说道："校长阁下，请记住，是美利坚合众国的伍斯特工学院和斯坦福大学，造就了您的学识和才能的。"

萨校长微微一笑，说道："博士先生，我也想请您记住，中华文明曾震惊世界，没有中国远古的四大发明，也绝不会有不列颠帝国的近代产业革命，更不要提什么欧洲近代文明了。"

在这个例子中，萨校长就是抓住对方论点（即中华文明是落后的）的失误，举出大量的事实，给予有力的反驳，最后，终于使得英籍教授哑口无言了。至此，萨校长也达到了自己的说服目的。

中国有句俗话：根基不正，其影必斜。在驳倒对方论点时，要揭穿他们论据的荒谬，用事实做依据，为自己的论点找到坚实的后盾。这样，就会使得对方不得不同意你的观点，从而放弃自己的错误观念。

三国时，张昭攻击诸葛亮，说他这个军师比不上管仲、乐毅，其根据是诸葛亮面对曹操的进攻"丢盔弃甲，望风鼠窜"，从而导致"弃新野，走樊城，败当阳，奔夏口，无容身之地"。

对于这些攻击，诸葛亮不愠不火，而是根据事实，反驳道："刘备起兵之初，兵不满一千，可用之将只有赵云、关羽和张飞。新野小县，粮少人稀，我们却火烧博望在先，火烧新野在后，杀得曹军十万大军心惊胆战。管仲、乐毅用兵也不过如此吧……想当年，汉高祖屡败于项羽之手，而垓下一战，终于获得了最后胜利，靠的是韩信的智谋良策啊。而韩信辅佐高祖时，也并不是每战必胜的。"

在这个例子中，诸葛亮以事实批驳了张昭的论据，并且，针对他的"无容身之地"的诬蔑，援引刘邦、韩信的先例，说明"胜败乃兵家常事"，而"求决胜不求累胜"才是刘备的战略方针。

张昭之流无言以对，只好败下阵来。

因此，在说服别人时，一定要找到合理的依据，据理力争，让对方在事实面前不得不低下头来。

在理直的时候就要气壮一些

很多人都会用气势压人，摆出一副凶神恶煞的样子，让对方知难而退。其实，这种人一般都是纸老虎，只要你能够保持冷静，戳穿他们的真面目，就会让他们自觉答应你的要求。一位先生就是因为能够理直气壮、毫无惧色地与对方理论，才争取到了自己的合法权益。

这位先生到某地游玩，晚上住宿时，被一辆中巴拉到了一个旅馆。这个旅馆的费用很高，这位先生本想，收费这么高，条件也一定很好，于是，便很高兴地住了进去。

谁知，进房间后，看到的情景却令他非常失望。房间里没有电视不说，连一双拖鞋都没有。更糟糕的是，两张床硬得像石头，躺在上边难受极了。

这位先生非常生气，就找到旅馆老板，要求退房。谁知，旅馆老板一听他的要求，立刻提高了声音，大声说："想退房，没门儿！"

见老板这个样子，这位先生心里确实有点害怕。但是他不服气，于是狠下了心，决定豁出去了。他学着老板的样子，也大声吼道："你凶什么凶？我告诉你，这个地方我虽说没来过上百次，至少也来过七八十次，熟悉着呢！我要退房，坚决退房！你别把我逼急了，到时候，谁吃亏谁占便宜还很难说。"说着，这位先生拿出手机，装着要给监督局打电话，想以此来威胁老板。

老板一看形势不妙，赶快缓和了下来，说道："退房可以，但要交 10 元钱的手续费。"

先生一听同意退房，心里自然高兴，但平白无故地被扣除 10 元钱的手续费，又不甘心。而老板此时也不松口，非要收 10 元钱的手续费不可。就这样争来吵去，双方僵在那里了。

就在这时，门外又来了几个不知情的住店者。先生一看，知道机会来了，于是，便指着门外的几个人对老板说："老板，我劝你还是全退了吧。你也是个明白人，如果我一嚷开，那几位还会住店吗？你好好考虑一下，到底怎样做更划算。"

老板无奈，只好把钱都退还给了这位先生。

在这个例子中，这位先生之所以能够说服这位老板，退还了自己的全部费用，关键一点就是，他能够不被老板凶神恶煞的样子所吓倒。老板采取的是欺骗加无赖的方式，先把客人骗进来，然后又耍赖皮，就是不退钱。一般人碰到这种情况，会被吓倒，只好自认倒霉。而这位先生却能够理直气壮，一点都不害怕，这一点，确实让老板感到了吃惊，最终不得不做出了让步。

然后，这位先生又机智地抓住机会，最终迫使老板退还了自己的全部费用。

在生活中，我们也会碰到这种不讲道理的人，这种人看起来气势汹汹的，其实，他们只是装出来吓唬人的，胆小的人就会被他们吓倒。如果我们能够保持冷静，以硬抗硬，最终就会戳穿他们纸老虎的真面目，迫使他们做出让步，从而达到我们的目的。

在拒绝别人时一定要说出合理的理由

每个人都应该认识到，只有在你表现说"不"的实力时，对方才会感激你说的"是"；也只有在你知道说"不"的情况下，才能积蓄足够的实力说"是"。

在这个世界上，有许多人不会说"不"，他们或是不敢，或是不好意思。不敢说"不"的人，往往缺乏实力，他们怕一旦伤害了对方的感情，就会失去亲情、友情，或者会让自己吃亏。

其实，他们不知道，越是想讨好每个人，最后可能连一个人也讨好不了，因为你越是单方面地对人好，人家就会越不珍视你的"好"，反而会对你的不周到耿耿于怀。并且，因为一个人的精力、时间和财力是有限的，因此，不可能处处顾及，甚至有时为了照顾别人，结果把自己的事情都给耽误了。

詹姆斯这几天明显有些睡眠不足，他有太多的事情要做。可是，当邻居海伦请他过去帮忙弄一下电脑时，他说："OK！"

派特请他帮忙将电子琴抬到楼下时，他说："Yes！"

哈瑞叫他帮忙照看一下自己的小孩时，他说："可以。"

玛瑞安要他为她的派对做一张海报，他说："没问题！"

他的特点是几乎从不说"不"。而别克在这方面的风格习惯却与詹姆斯大不相同。

早上，露茜阿姨打电话来，问别克能不能陪她一起去看"索斯比"拍卖中国的古董。别克说："不！"

中午，社区报纸打电话，问别克能不能为他们的征文颁奖。别克说："不！"

下午，圣若望大学的学生打电话来，问他能不能参加周末的餐会。他说："不！"

晚上，《华盛顿晚报》传真过来，问别克能不能写个专栏。他说："不！"

当詹姆斯说4个"是"的时候，别克说了4个"不"。

你或许要认为，别克有点不近人情，可当事人并没有这种感觉，因为他很讲究方式和技巧。当他说第一个"不"时，同时告诉了她："下次拍卖古董，我会去。至于今天，因为我对家具、器物、玉石的了解不多，很难提出好的建议。"

当别克说第二个"不"时，他说："因为我已经做了评审，贵报又在最近连着刊登我的新闻，且在一篇有关座谈会的报道中赞美我，而批评了别人。如果再去颁奖，怕要引人猜测，显得有失客观。"

当他说第三个"不"时，他说："因为近来我的坐骨神经痛毛病犯了，必须在硬椅子上直挺挺地坐着，像是挨罚一般，而且不耐久坐，为免煞风景，以后再找机会。"

当他说第四个"不"时，他以传真告诉对方："最近刚刚寄出一篇文章，专栏等以后有空再写。"

别克说了"不"，但是说得委婉。他确实拒绝了，但拒绝得有理。因此能够取得对方的谅解，自己也落得清闲，而不像詹姆斯那样没有足够的睡眠时间。

　　只有充满自信与原则的人知道说"不"，也只有别人知道你有说"不"的原则之后，才会信任你所说的"不"。当你委婉地道出你的苦衷、说出你的原则时，必能获得朋友的谅解，赢得对方的尊重。

把话说到点子上，说到对方的心坎上

生活中，我们在说服别人时，一定要注意语言技巧的运用，一定要把话说到点子上，说到对方的心坎上，这样，说服才会收到事半功倍的效果。

在一条车水马龙的大马路边上，围了一大群人。走上去一看，原来是一对年轻夫妻在吵架。男的有30来岁，戴副眼镜，模样斯斯文文的，像个教师。女的面容憔悴，哭得十分伤心，吵着要撞汽车寻死。

丈夫大声责骂妻子"没知识，跑到大马路上当众出丑"，并且越骂越凶，越骂越难听。妻子则越哭越响，一旁也有人在劝，可根本不顶用。

这时，有位老人走上前，拍了拍那个男的肩膀，说："你戴副眼镜，看起来像个有文化有知识的人。你有知识，就不要闷在肚子里，要拿出来用——"老人故意把"用"字拉得很长，并且说得很响。那男的听到了这话，顿时觉得很惭愧，不骂了，站在那里发愣。

老人看男的似有所悟，又接着说："你既然这么有知识，就应该用你的知识来说服你妻子，怎么可以张口就骂呢？这样做，不是辱没了你的知识吗？你们还是先找个地方，冷静下来，然后再好好地谈一谈吧。别在大街上这样，让人看了笑话。"

男的越听越惭愧，最后像泄了气的皮球，低着头一言不发。

这时，老人又走到女的身旁，说道："有话好说嘛，找亲朋好友道道苦，诉诉委屈去，把心里的不快讲出来。干吗要撞车呢？汽车可都是大力士，你这么个瘦瘦弱弱的人，怎么能撞得过它呢，到头来吃亏的还是自己。"众人一听，都大笑起来。那女的被大家笑得不好意思，倒也不哭了。

经过老人的一番解劝，夫妻俩不再闹了，而是相互搀扶着，慢慢地走到公共汽车站，上车走了。

在这个例子中，老人的劝架可谓成功，而他成功的原因就在于把话说到了点子上，说到了对方的心坎上。在劝那个男的时，他利用对方有文化的模样做文章，指出一个有文化有教养的人，在大庭广众之下骂自己的妻子是不光彩的，会掉身份的。这一招，正好刺痛了文化人爱面子的心理，男的当即不吭声了。接着，他又劝那个女的找亲朋好友诉说委屈，其实，这正是很多女的在受委屈后会做的事情，这一点，正好说到了女的心坎上。接下来，老人又不失时机地开了个玩笑，既解除了夫妻俩的尴尬，又活跃了气氛。

试想，如果老人也像围观者那样，只是说一些想开点之类的话，夫妻俩还不知道要吵到什么时候。而老人因为善于运用说话的技巧，三言两语就把这场架给劝住了。

让别人明白你的建议是合情合理的

俗话说得好：有理行遍天下，无理寸步难行。只要你有理，并且能够把自己的道理很好地表达出来，那么，对方在仔细思考之后，就会接受你的建议，而你也达到了说服的目的。

汉朝的关内侯鄂君，就是因为据理力争才说服了满朝文武，为刘邦解决了难题。

西汉初年，汉高祖刘邦杀了项羽，平定了天下之后，开始论功行赏。在这个时候，群臣彼此争功，吵了一年多都无法确定。刘邦认为萧何功劳最大，就封萧何为侯，封地也最多，但群臣却心中不服，议论纷纷。在封赏勉强确定之后，关于席位的高低先后又起了争论。群臣都说："平阳侯曹参身受 70 次伤，而且攻城略地，功劳最多，他应当被排在第一位。"刘邦因为在封赏时已委屈了一些功臣，多封了许多给萧何，所以在席位上难以再坚持，但心中还是想将萧何排在首位。

这时，关内侯鄂君揣摩出了刘邦的意图，就挺身而出，说道："群臣的评议都错了！曹参虽然有攻城略地的功劳，但这只是一时之功。皇上与楚霸王对抗 5 年，时常丢掉部队，四处逃避。而萧何却常常从关中派兵员填补战线上的漏洞。楚、汉在荥阳对抗了好几年，军中缺粮，都是萧何转运粮食补给关中，粮饷才不至于匮乏。

再说，皇上有好几次逃到山东，都是靠萧何保全关中，才能接济皇上的，这才是万世之功。为什么你们认为一时之功高过万世之功呢？我主张萧何第一，曹参其次。"

刘邦听了，自然是高兴无比，连忙说："好，好。"于是下令萧何第一，可以带剑入殿，上朝时也不必急行。

群臣一听，觉得有理，也就不再为此事而争吵，接受了刘邦的安排。

刘邦本是个大老粗，在分封诸侯的时候，将一些从前跟着他出生入死、身经百战的功臣比喻为"功狗"，而将出谋划策的萧何比喻为"功人"，所以萧何的封赏最多。明眼人一看就知道刘邦宠幸萧何，所以在安排入朝的席位上，高祖虽然表面上不再坚持，但内心仍希望萧何能够排在第一。这样，自然会引起群臣不满，而刘邦又讲不出什么道理来，难以服众。

鄂君却不同，他从刘邦多次遇难，多亏有萧何力保说起，得出了100个曹参也不抵1个萧何的结论。群臣都是明事理的人，听了他的话，自然会觉得有理，也就会接受他的建议，听从刘邦的安排。

因此，在说服别人时，如果自己师出有名，且名正言顺，那么不妨说出来，让对方明白自己的建议是合情合理的，你的说服目的也就实现了。

如果对方气焰极高，就要在气势上压倒他

在说服别人时，气势起着非常关键的作用。如果你畏畏缩缩，不敢和人针锋相对，在气势上先比别人矮了半截，那么，别人一定会觉得你有着不可告人的目的，或者是存心不良，怎么会接受你的建议呢？相反，如果你理直气壮，在气势上先将对方压倒，那么，他很可能会接受你的意见，你的说服目的也就达到了。

战国时，骄横的秦王想吞并安陵，便提出要以 500 里土地交换安陵。安陵君自然不肯同意，便派唐雎出使秦国，以说服秦王放弃这个念头。

唐雎说明了来意，秦王一听，顿时脸色大变，怒气冲冲地对唐雎说："你听说过天子发怒吗？"

唐雎回答说："我没有听说过。"

秦王说："天子发怒，能让百万人尸骨成山，血流成河！"

唐雎说："那么，大王有没有听说过百姓发怒？"

秦王冷笑道："平民百姓发怒，不过是摘下帽子，赤着双脚，拿脑袋撞墙罢了。"

唐雎说："那是庸人的发怒，不是勇武者的发怒……如果勇武的人真的发了怒，倒下的虽不过两人，血水淌过的地面也只有五六步，但是普天下都得披麻戴孝。现在勇士发怒了！"

　　说完，唐雎拔出宝剑，挺身而起。秦王一见顿时慌了，忙对他说："先生息怒，先生请坐下来谈，何必生这么大的气。现在我明白了，韩国、魏国都灭亡了，独有安陵君这个仅有 50 里地的小国还存留下来，就是因为有先生这样的勇士啊！"

　　在这个故事中，唐雎面对秦王的骄横霸道、盛气凌人，不仅没有一丝一毫的胆怯，反而据理力争，甚至当着满朝文武敢于拔剑而起，在气势上先把秦王比了下去。再加上之前唐雎所说的勇士之怒，和安陵君独保的现实，最终使秦王打消了吞并的念头，达到了出使和说服的目的。

　　如果唐雎不采用这种措施，而像一般的小国使臣见大国国王那样，只知道哀求、告饶，以秦王的骄横，势必会更加坚定吞并安陵的决心。唐雎的聪明之处就在于，他能够看清当时当地的形势，知道秦国吞并安陵易如反掌，如果不在气势上压倒对方，自己就再也没有可让对方信服的理由了。

　　在春秋战国时，有很多像唐雎这样有智有谋、勇敢正直的勇士，他们正是用自己不卑不亢的态度、大义凛然的气势，压倒了骄横的侵略者，达到了说服的目的，使自己的国家和人民得以保全。

　　因此，如果你的说服对象气焰极高时，就不要希望通过一般的说教来令他信服，倒不如在气势上将他压倒，让他不敢小瞧你。只有这样，他才会重视你的建议，也才有可能接受你的建议，你也才会达到说服的目的。

第四章

做好铺垫工作，说服才能水到渠成

很多事都不可能一蹴而就，在计划和执行之间都有个过程。在这个过程中，就需要我们做大量的铺垫工作。说服也是这样，只有做好铺垫工作，才能水到渠成。

先赞美对方为自己的说服做铺垫

社会心理学家说：在人们的心灵深处，最渴望他人的赞美。赞美是一种鼓励，胜过雨后绚丽的彩虹，在人们心灵深处植入的是信心和力量，播下的是奋进向上的种子。赞美是一种兴奋剂，让人更加充满活力和精神。同时，赞美还是一种认可，一种肯定，让人们坚定发展的方向。

人心是相通的，心与心之间就像有一条"高速公路"，赞美的话语就像一辆"心灵直通快车"，能在第一时间创造出气氛融洽的奇迹。拥有一张会说赞美话语的嘴，则能在各种场合左右逢源。几乎每个人都很在意别人对自己的评价，赞美的话语，真的可以直达内心最柔软的地方。

戴尔·卡耐基是不动产理论的坚决拥护者，他认为，房子还是自己的好，租来的住着到底不安心。有一段时间，他想把自己的旧公寓租出去，所以想了解一些房屋出租的事宜。于是，他来到了一家房屋中介公司。

一走进这家公司，卡耐基就说："我想询问有关租屋的规定……"

但是，经理的回答却出乎卡耐基的意料，让他的头脑有点发晕。

"天哪，您不就是戴尔先生？您就是那位曾经写过书的戴尔·卡耐基先生，我说得没错吧？"

"是的，我是出版过一些书籍，但是，我到这里来，是因为……"

"真的是您啊！刚接到您的电话时我就在想，这个名字好像在哪儿听过，果然让我猜中了。您就是《人性的弱点》一书的作者吧！请您稍等一下。"

说完，经理走进了自己的办公室。不一会儿，他手里拿着卡耐基的书，走了过来。

"让您久等了，您看，是这本书吧？"

"是的，您能够阅读拙作，我实在感到万分荣幸！"

"您太客气了。以前我虽然嘴快反应好，但却没有出众的口才，无意中我在书店发现了您的作品，觉得这本书写得相当不错，内容既浅显易懂又具体，带给我很大的帮助。今天能够在这里见到您，真是万分荣幸！"

"承蒙夸奖，我也很荣幸能够结识您。拙作能够对您有所帮助是我最大的快乐，谢谢您的指教。"

"您说您今天到这里来是干什么的？是想了解公寓出租的规定，是吧？让我们先来看看现今房屋市场的状况好吗？请容许我向您介绍一下最近的情况……"

"麻烦您了，我洗耳恭听！"

接着，这位经理向卡耐基详细介绍了房屋市场的现状。最后，他向卡耐基提出了自己的建议。

"从长远角度来看，我认为您与其出租房子，不如把它卖了。

因为公寓将来肯定是要改建的，而目前公寓供需并不平衡，如果在这种情况下赶快将它脱手，绝对是个明智的选择。不知您的看法如何？当然，如果您真的想把它租出去，我也一定能为您找到一个好房客的。但我认为……噢，当然，一切还是由您自己决定比较好。"

"我明白了，请让我考虑一下好吗？"

要知道，长久以来，卡耐基可是个忠实的不动产持有论的支持者，当听完经理的这番话后，他却动摇了。经过一个晚上的考虑，卡耐基最终决定听从经理的建议，把房子卖掉。

在这个例子中，这位经理非常成功地说服了一个不动产持有论的支持者，使他改变了原先出租房子的念头，把房子卖了出去。而这个人，就是对人性了解极深的人际关系学家戴尔·卡耐基。

为什么卡耐基会改变自己的初衷呢？其实，是这位经理运用了独特的说服策略，即用卡耐基的著作做文章。

利用自己的良好印象做文章

对于那些能够满足自己的要求和欲望的人，大部分的人都会抱有好感，并且也会乐意听从他的吩咐，接受他的意见。

比如，有位下属平时工作非常认真，人际关系也很好，更难得的是，他总能在公司出现紧急情况时提出一些合理可行的意见，从而使公司度过危机，为公司创造了巨大的利润。由于这些原因，上司对他很器重，很重视他的话，每次他提出建议时，上司都会认真考虑。对员工来说，能够得到上司的信任的确是件令人高兴的事情，但他并没有因此而趾高气扬，还是像往常一样，认认真真地做好自己分内的事。因此，上司和同事们对他更是称赞不已，也更愿意和他共事了。

有一天，这个下属为了一件事，想和上司好好谈一谈。他来到上司的办公室里，客气地说："科长，不知您今天下班后是否有空，我有件事想与您商谈，可以吗？"

"当然可以，我们下班后就到公司附近的那间咖啡馆去谈吧！"上司爽快地答道。

科长心里想，下属一定是在工作上又有什么好的建议了，因此感到非常高兴，下班后，他欣然赴约。

"你有什么事要说吗？之前你所提的兴建厂房、扩充业务的计划为公司带来了很大的效益，我代表全公司向你表示感谢。如果你又有什么新的计划，我一定会呈报给部长，请他采纳你的建议。"一坐下，科长便问道。

"承蒙您的关照，我的工作才能做得好，在这里我向您表示感谢了。不过，这次我想说的不是这些。"下属欠欠身，答道。

"不是这些，那是什么呢？有什么不妨直说吧。"科长很惊讶，问道。

"是这样的，前几天，我从人事部的同事口中得知了今年到美国留学的相关手续与制度，我也想到美国去留学。我没有别的意思，请您不要误会。一直以来，我对现在从事的工作抱有很大的兴趣，因此，我想到美国进一步深造。所以，当我听了有关留学的事情之后，就非常想去。科长，这件事就拜托您了，请您务必帮我实现这个愿望。"

"什么？留学？这件事确实有点难办，你知道，失去你对公司来说可是一大损失呀！你真的很想去留学？不再考虑一下吗？公司很需要你，我们都希望你能留下来。"上司很诚恳地说。

下属说道："很抱歉，我真的很想去。不管是从年龄还是在人事安排上，这次都是一个极好的机会，请您务必帮我完成这个心愿！"

上司想了想，说道："我明白了。你之前为公司出了不少力，也为我争了不少光，为了你的前途着想，我也认为你应该出去留学，毕竟这也是为公司的将来做贡献嘛！好吧，我会帮你向上级主管说的，你就放心吧！"

"那就太谢谢您了。"

当然，这位员工的说服获得了成功。对于上司来说，越是自己倚重的部属，越不会轻易地放他走。这是因为，每个上司都需要有精干的幕僚留在身边，为自己出谋划策。

但这位上司为什么会放走自己的爱将呢？这就要归功于这位下属以往的表现。在过去，这位部属对上司是有求必应，为上司挣足了面子，因此，他的话在上司的心中有相当的分量，他也能够很容易地说服上司。正是这些原因，使得他能够说服上司放自己走，并为自己铺路搭桥。

放出长线才能钓到大鱼

求人办事不能心急，越急越不行。并且，有时候为了达到大的目标，必须要早设铺垫。这就是所谓的"放长线，钓大鱼"。

唐代京城中有位窦公，聪明伶俐，极善理财，但是，因为出身贫寒，财力绵薄，难以施展赚钱本领。实在借钱无路，他便想从小处赚起。

打定主意后，他便在京城中四处逛荡，寻求赚钱门路。有一天，他来到郊外，却见青山绿水，风景极美，附近有一座大宅院，房屋严整。他连忙向附近的居民打听，原来是一名宦官的外宅。

他来到宅院后花园墙外，只见一片水塘，塘水清澈，直通小河，有水进，有水出，但因无人管理，显得有点零乱肮脏。窦公暗想：生财路来了。

他找到水塘的主人，想要买下这片水塘。水塘的主人因觉得那是块不中用之地，就很爽快地以很低的价钱卖给了他。

窦公买到水塘，又借了些钱，请人把水塘砌成石岸，疏通了进出水道，种上莲藕，放养上金鱼，围上篱笆，种上玫瑰。这样一来，周围的风景更是迷人了。

第二年春天，那名宦官休假在家，逛后花园时闻到花香，到花园后一看，直馋得他流口水。窦公知道鱼儿上钩了，立即将此地奉送。宦官有感于他的慷慨，经常约他到家中游玩，没过多久，两人便成了朋友。

一天，窦公装作无意，谈起想到江南走走，宦官忙说："那边我有几个熟悉的朋友，我给你写上几封信，让地方官吏多加照应。"

窦公带了这几封信，往来于几个州县，贱买贵卖，又有官府撑腰，没几年便赚了大钱。之后，回到京师，建造了舒适的房屋，过上了富裕的生活。在这里，窦公没有向宦官请求帮忙，而宦官却主动帮忙，不能不说窦公此举实在高明。

后来，他看中了皇宫东南处一大片低洼地。那里因地势低洼，地价并不贵。窦公买到手之后，雇人从邻近高地取土填平，然后在上面建造馆驿，专门接待外国商人，并极力模仿不同国度的不同房舍样式和招待方式。一经建成，馆驿便顾客盈门，连那些遣唐使也乐意来往。

这样没过几年，窦公已成为海内首富。

善于放长线钓大鱼的人，看到大鱼上钩之后，总是不急着收线扬竿，把鱼甩到岸上。他会按捺下心头的喜悦，不慌不忙地收几下线，慢慢把鱼拉近岸边。一旦大鱼挣扎，便又放松钓线，让鱼游窜几下，再慢慢收钩。如此一收一弛，待到大鱼筋疲力尽、无力挣扎，才将它拉近岸边，用网兜拽上岸。

说服别人也是一样，如果追得太紧，别人反而会一口回绝你的请求，只有放出长线耐心等待，才能钓到大鱼。

在提出自己的要求前先赞美一下对方

求人办事时，如果能够先赞美对方几句，会让对方的心里乐滋滋的，对方心情一好，什么事不都好说了吗？因此，在提出自己的要求前，最好能够赞美一下对方，好为自己的要求做一些铺垫。

有位生性高傲的处长，一般生人很难接近，他那生硬冷漠的面孔常使人望而却步。有位外地来的办事员听说了他的脾气，一见面就微笑着递了一支烟说："处长，我一进门就有人告诉我，处长是个爽快人，办事认真，富有同情心，特别是对外地人格外关照。我一听，高兴极了。我就爱和这样的领导共事，痛快！"

此时，处长的脸上立刻露出一丝笑容。接下去谈正事，果然大见成效。并且，处长的态度也非常友善，简直像换了个人似的。

高傲者多看重自己的形象，并且自我感觉良好。因此，与他们打交道时，不妨采取投其所好的方式，对其业绩、学识、才能等方面给予实事求是的赞美，使其荣誉心、自尊心得到满足。这样，就可以从心理上缩短距离，同样能起到转变他们态度的作用。

上例中这位办事员的成功，很大程度上是得益于开头的那几句恭维话。这样，对方就不好意思冷对一个尊敬自己的人，露出难看脸色了，并且，会在维护自我形象的心理支配下，不得不变得和蔼可亲起来。

当然，恭维不可以随便乱用，在使用时，一定要注意以下两点：第一，要实事求是。恭维的内容不是无中生有，而是确有其事，只有这样，对方才会真正感到高兴。如果一味进行肉麻的吹捧、拍马屁，清醒的高傲者会把你当成小人而更加小视。第二，赞美要适可而止。赞美在这里不过是使高傲者改变态度的手段，是交际的序幕。如果一味赞美，而不及时转入正题，就失去了意义。

某百货公司的时装专柜，一段时间里，客人纷纷投诉指责售货员服务态度不佳。专柜主任的解决方式很是与众不同，并且，取得了很好的效果。

主任没有指责那些售货员，反而大肆赞扬。对于那些被客人指名的售货员，他说："有客人称赞你服务亲切，希望今后继续努力。"或者是"有客人说你很有礼貌"。这么一来，售货员们的待客态度便大为改变，笑脸迎向每一个客人，而这个公司的业务也蒸蒸日上。

在这里，主任就是巧妙地掌握了女性心理的教育方法。一般来讲，女性被人指责，让她改掉某个缺点时，她们甚至觉得自己的全部人格都遭到了否定，很容易产生反抗心理。但是，如果对她们稍加称赞，她们便会神采飞扬，变得非常积极。

因此，如果想纠正女性的缺点，不要直接指出她们的缺点，而要称赞她们的优点，这一点非常重要。

从以上的两个例子中，我们可以看到，在说服别人为自己办事时，适当的赞美可以很快很好地达到自己的目的。

做好充分的准备和巧妙的安排

　　说服人是一项非常有挑战性又非常有趣的事情，这需要你的勇气、信心、毅力和技巧的结合。说服一个人最好是先能引起情绪上的共鸣，进而慢慢达到一定的共识。

　　有一位叫史磺的实业家，已 70 多岁了，仍活跃在商界。他有个儿子，自认为是房地产开发专家，一头栽进一个公寓计划中，而史磺先生知道，他没这个本事，也没这个实力。因此，史磺先生不想让儿子用自己的资金做这件事情，因为这些钱都是自己辛辛苦苦赚来的，不能就这样白白浪费了，他决定替儿子向银行贷款。

　　于是，史磺先生找来他的会计师——做事一丝不苟、无懈可击的霍夫曼太太，让她替自己安排与银行代表魏得曼先生见面。约会的时间和地点都是史磺先生选择的。等他们安排好一切，魏得曼先生准时赴约。此时，史磺先生可谓有备而来，他挑的银行、时间和银行代表，一切都配合得天衣无缝。并且，史磺先生还知道魏得曼先生有两大嗜好——网球与歌剧，他准备就在这两方面做文章。

　　见面后，大家先谈了一些无关痛痒的客套话，接着，史磺先生就开始了自己的计划。史磺先生是一个不太爱说话的人，但此时，他居然滔滔不绝，说了很多很有趣的事情。

他先谈网球，讲了自己在 1931 年参加温布尔顿网球大赛第一回合比赛的事情，当时的很多事情又浮现在眼前，他讲得不仅生动而且感人，这让魏得曼先生听得入了迷。接着，他又谈到了歌剧，对毕洛特（德国巴伐利亚地区纽伦堡东北的一个城市）举办的瓦格纳 40 周年歌剧纪念大会进行了评论，对于其中的精彩节目，他更是如数家珍。

下班钟响了，服务员过来清理桌子——回家的时间到了。一向下班很准时的魏得曼先生，用手指头紧张地、轻轻地敲打着桌上那份史磺先生的档案。他希望就在这个下午能和史磺先生达成协议，好让自己能在星期一的例行会上把案卷呈给上级看。而史磺先生却一言不发，只在一旁若无其事地等着。

5 点 10 分，史磺先生起身，跟魏得曼先生握了握手，说这次会谈让他很愉快，不过他还有事得先走一步了。当魏得曼帮他穿上大衣，两人转身走向电梯时，这趟会面的真正目的才真正起了个头：他们碰到了霍夫曼太太。

霍夫曼太太装作很惊讶的样子，问道："史磺先生，你不是来谈抵押贷款的事吗？"

史磺先生也故作惊讶，问道："抵押贷款？霍夫曼，你要我来是谈有关贷款的事吗？"

"当然啦！"

接着，两位先生就在电梯旁谈妥了一切事宜。当然，在贷款时，贷款利率是件让人头疼的事情。而此时，魏得曼先生很爽快地提出了贷款利率为 6.18％，而通常银行贷款的利率是 7％，这个条件可以说好得不得了，史磺先生当然很愿意接受。

　　在这个例子中，我们可以看出，在我们试图说服别人时，一定要为自己的说服创造条件，做好铺垫，并要选择恰当的时间和地点，把握好时机，只有这样，才能够水到渠成，很容易达到说服的目的。

做好各种准备说服老板为你加薪

明确地告诉你的老板，给你加薪后他会得到哪些好处——你会尽心尽力地为他工作。当然，在发出最后通牒之前，你一定要找到其他的工作。

作为一个员工，薪水的多寡很重要，因此，加薪对每个人来说都是一个敏感话题，能引起每个人的兴趣。那么，我们要怎样提出这个要求，并使自己的愿望得以实现呢？

在你开口要求加薪之前，需要做好各方面的准备，比如工作表现、人际关系、心态等。一位成功的管理者指出，在员工们为加薪而准备时，需要实施六个重要的步骤。

第一，在你所从事的领域中，为自己树立很高的权威。这一点非常重要。首先，了解你的工作，并在了解的基础上不断进步。如果你不能在工作中得到发展，那么，你就不可能有提升的机会。其次，不要把自己看得太重要，不要认为自己是不可或缺的。

第二，在工作中，同你的老板建立真诚的关系。任何经理、总监都不会给他不喜欢的人加薪或晋级的。一般来说，老板们会喜欢衷心赞美自己的人，因此，你一定要让自己学会恰到好处地赞赏自己的老板，以便让他感到自己的价值。

精明的雇员都盛赞老板并向老板表达这种赞赏。你也可以做到，而且用不着阿谀奉承。称赞一个人最好的方法是称赞他的业绩，而不是赞美他本人。

第三，要善于表现自己。不要认为只要把工作做好，就会被老板提升，或者加薪。每一位老板都认为，做好工作是员工的职责，因此，做到这一点远远不够，你还要让老板知道你是优秀的，这才是最重要的。

一位总经理曾经说过这样的话：广告最重要的就是重复。不断地重复才可树立形象。我们不介意人们是否准确记住我们对某种产品所做的介绍，我们只希望大家能记住产品的名称，那就足够了。我们要做的，就是要为自己做广告，并不断地重复，让自己的名字在老板心里扎根，让他在做任何事情时，都能够第一个想起你。

第四，时刻让上级掌握你的动态。记住，千万不要让上级来检查你，你要学会不失时机地向他们汇报自己的情况，让他们知道他们交代的事情正在执行，并且是在很好地执行。这样，上级就会认为你是可靠的，可以委以重任，这就可以为你的加薪做好铺垫。

第五，让自己精神振作，为加薪谈判做准备。认真公正地为自己的价值做出评估，把自己的价值看作成本。你为公司付出的价值，应该和你所拿的工资直接挂钩。

第六，注意时机的选择。一般来说，尽量要避开周一和周五。一般来说，每逢周一，会有很多使工作重新入轨的事情要做；到了周五，人们都以最快的速度清理办公桌，准备去度周末。而让老板加薪的最好时机，应该是你刚刚出色地完成一项非常困难的任务，老板也肯定了你的工作成绩之际，此时，你提出加薪应该是名正言顺的。

给对方尊严，为自己的说服做铺垫

中国人最大的特点就是爱面子，我们无论做什么事都会考虑到自己的面子。"面子"到底是什么东西呢？面子说白了就是尊严。谁都希望自己在别人面前有尊严，被人重视，被人尊重。因此，我们在与人交往时，为自己争得面子的同时，也别忘了给别人留些尊严，这一点非常重要。

在说服时，如果能够给足对方尊严，会让自己的说服更到位。在古代，有人就用这种方式，轻而易举地制伏了当地的盗贼。

西魏时期，在雍州北部一带，经常有盗贼出没。因为这一带山林茂密，盗贼进退很方便，因此，官府始终无法将他们缉拿归案。

作为本地的刺史，韩褒心里十分着急，便派手下暗中探访。结果查明，这些盗贼全都是当地豪门大族里的子弟。如果直接将他们逮捕，会得罪这些豪绅，对自己肯定没有好处；但要是不管不问，又对不起朝廷委以的重任与当地百姓的信赖。思来想去，韩褒终于想到了一个绝妙的方法。

韩褒先假装不知，对这些豪门大族还是客客气气的，见面时仍以礼相待。过了些天，他把这些人及其家人都召集起来，开了一个大会。

在会上，韩褒用恳切的语气说："我这个刺史是个书生起家，不懂得缉拿盗贼。而本地近来盗贼猖獗，着实扰乱了百姓的生活，因此，只好仰仗诸位来分担这个忧愁了。"说罢，便将本地分为不同的地段，将那些平时在乡里为非作歹的弟子派往各个地段，做那里的临时主管。并且规定，在任职期间，如果发现盗贼而不捕获，按故意放纵罪论处。

那些被任命的少年都十分惊恐，赶快跪下，认罪说："前时发生的偷盗案子，都是我们干的。我们知道错了，任凭大人发落。"韩褒将他们扶起，赦他们无罪，不过要他们将功赎罪，即让他们协助自己彻底扫清盗贼。

听到这样的安排，这些子弟都变得非常积极，把所有党徒同伙的姓名全部列出。对于那些逃跑躲藏起来的，也都说出了躲藏的地方。韩褒拿过名单，嘱咐那些子弟一番，先打发他们回去。

第二天，韩褒命人在雍州城门边贴上一张告示。告示上写明：曾干过盗贼的人，赶快来州府自首，官府会免除他们的罪。如果过了这个月还不自首的，除当众处决本人外，还要登记没收他的家产和妻女，赏给先前自首的人。

10天之后，众盗贼果然全部都来自首了。韩褒拿过名单一一核对，一个不差。韩褒也说到做到，赦免了他们的罪，让他们改过自新。从此之后，这些人果然再也不敢为恶了。

那些坏人，内心深处也有尊严，不希望被当众羞辱。他们之所以会作恶多端，是因为他们认为自己已经犯了禁忌，已经被人瞧不起了，所以索性破罐子破摔，更加放肆起来，也顾不得什么尊严和脸面了。

 但是，在他们的内心深处，还是希望别人能够尊重自己，给自己面子。因此，当有人真的这么做时，就会立刻唤醒他们的自尊以及荣誉之类的积极情感，他们会赶快转变方向，按照这个人希望的方式行事。

 在这则故事中，韩褒正是利用了人性的这个弱点，给了这些盗贼充分的尊严，让他们在自尊心得到满足的情况下心甘情愿地改过自新。

 因此，在你的说服对象是一个坏人时，你首先得消除自己心中的歧视，把他当成一个好人、一个值得尊重值得信赖的人来看待，只有这样，才能走进对方的内心，也才会真正地达到说服的目的。

先做好第一步，为自己的请求做准备

说服力能帮助你最快地获得你想要的东西。说服力可能决定成败。它能保证你的工作进度，让你从最大限度上发挥你的其他技能。你的说服力能让你得到客户、老板、同事和朋友的支持和尊重。说服别人去做你想让他们做的事情，你就能成为你所在的圈子的最重要人物。

春秋战国时期，孟尝君喜欢广揽人才，他底下的食客三千，其中有名食客叫冯谖。冯谖刚来时，整天只知道吃喝拉撒，一点作为也没有。

孟尝君门下的其他食客都很看不起他，认为孟尝君养了一条米虫，都劝孟尝君把他赶走。孟尝君听了只是一笑置之，并没有放在心上。可后来，冯谖却得到了孟尝君的礼遇。

一次，孟尝君派人去他的封地薛邑讨债，冯谖自荐。得到同意后，他问道："不知讨回来的钱，需要买什么东西？"

孟尝君说："就买点我们家没有的东西吧！"

冯谖领命而去，结果，他不仅一分钱没有带回来，还把债券都给烧了。贫困的薛邑老百姓没有料到孟尝君如此仁德，个个感激涕零。

冯谖回来后，孟尝君问："讨的利钱呢？"

冯谖答道："不仅利钱没讨回，借债的债券也烧了。"

孟尝君一听，心里非常恼火。

冯谖赶忙答道："您不是吩咐过，要我买家中没有的东西回来吗？我现在已经给您买回来了，这就是'义'。焚毁了债券，对您没什么影响；买来了仁义，对您收服民心可是大有好处啊！"

数年后，孟尝君被人诬陷，相位丢了，只好回到封地薛邑。老百姓听说孟尝君回来了，全城出动，夹道欢迎，表示愿意拥戴他。孟尝君看到这一切，心里非常感动，终于明白了冯谖"买义"的良苦用心。

当时那些钱对孟尝君来说是可有可无的，但对于薛邑的百姓来说却意义重大。而冯谖当时一个小小的举动，却为孟尝君的以后打下了如此深厚的基础，真可谓深谋远虑。

某企业董事长的家里，每到年底时，都会收到堆积如山的礼品。由于太多，而且礼物和赠礼的人不一致的情形也不少，所以听说这位董事长只留下很少的合意的礼物，其余的都退了回去。

然而，有一年岁末，这位董事长却意想不到地收到了令他满意的礼物！那是在美国流行的"高丽菜田娃娃"，不知是怎样寄来的，总之是一位客户送给董事长小女儿的。礼物很别致，而把这别致的礼物不送给董事长而送给他的女儿，的确令人深感其诚意，后来董事长同这位客户签了一笔大合约。

某人出席某电气厂商主办的演讲会。演讲后，对主办单位的人员无意中提起"我母亲目前住院……"。第二天，也不知演讲会的主办经理怎样打听到的，竟然到此人的母亲入住的医院来探病。

此人在震惊于主办者意想不到的好意的同时，非常配合主办方的工作，将自己的事情处理得特别好。

因此，在我们求人办事时，一定要为自己的行为做一些铺垫。比如，冯谖烧毁债券是为了孟尝君以后获得善待，送给董事长小女儿的礼物是为了更好地做生意，看望某人生病的母亲是为了让他安心把工作做好，这些都是在提出请求之前的铺垫工作。而只有这些铺垫工作做得好，当你提出要求时，对方才会爽快地答应。至少，对方看在你这些铺垫的分上，也不会故意为难你。

Chapter 5

第五章

给对方留些面子，会使说服更有效

　　有句话说得好：人活一张脸，树活一张皮。在人的一生中，最放不下的要算面子问题。因此，在说服别人时，一定要考虑到对方的尊严，照顾好对方的面子，这样才能使说服更有效。

根据对方的身份和地位说适当的话

无论在哪个国度、哪个年代，地位等级观念都是很强的。对方的身份、地位不同，你说话的语气、方式以及办事的方法也应有所差异。如果不明白这一点，对什么人都是一视同仁，则可能会被对方视为无大无小、无尊无卑。

在你试图让对方接受自己的建议时，一定要照顾好对方的脸面，挑对方喜欢听的话说。这样，在你取悦了对方的同时，实际上也达到了自己的目的。

朱元璋做了皇帝之后，从前与他交往的一班苦朋友，纷纷前来投奔。

一天，一个穷困的朋友求见朱元璋。一见朱元璋着龙袍、坐龙椅，高高在上，他吓得连忙跪在地上，悲悲切切地说："我主万岁！您还记得以前的事吗？那时，我们都是给人看牛的。有一天，我们在芦花丛里，把偷来的豆子放在瓦罐里煮着吃，还没煮熟，大家都抢着吃，结果把罐子都给打破了，豆子都滚到了地上，汤也流得到处都是。你只顾着从地上抓豆子吃，不小心连红叶草的叶子也吞进了嘴里。叶子堵在喉咙里，苦得你哭笑不得。还是我出的主意，叫你把青菜叶子放在手上拍一拍，吞下去，才把红草叶子带进肚子里去了……"

朱元璋越听越恼火，想：我堂堂皇上，万人之上，尊贵无比，而你却不住地提以前见不得人的事，你让我的脸往哪里搁呀！谁知，地下跪的这位没看出来，搬出了更多以前的事情，想跟皇上套近乎。

这让朱元璋忍无可忍，没等他说完，朱元璋就大喊："来人呀，推出去，斩首。"

又一天，他的另一个穷朋友求见，说的是同一件事，不仅没有被杀头，还得到了高官厚禄。

这位朋友见到了朱元璋，跪下说："我主万岁。当年微臣随驾扫荡庐州府，打破罐州城，汤元帅在逃，拿住豆将军，红孩儿当关，多亏菜将军。"

朱元璋听他这么一说，心里别提有多高兴。回想起以前的一些事，当时是苦了点，不过大家在一起挺开心的。因此，立刻封了这位朋友做了个不小的官。

同样是朱元璋的穷苦朋友，同样来朝叙旧，一个得到了高官厚禄，一个却落得个身首异处。归其原因，是第一个朋友太不会说话了，以前都是放牛娃，在一起可以无拘无束，想怎么说就怎么说，而现在朱元璋已经是皇帝了，怎么可以再不顾他的身份地位呢？而第二个朋友就比较乖巧，知道该怎样说话才能顾全朱元璋的脸面，于是，平平常常的一件小事，在他说来，好像是惊天动地的大事一样，朱元璋一听，自然非常高兴，也就会答应他的要求。

从这个例子中，我们可以知道，在说服别人时，一定要认清对方的身份和地位，说与他们的身份相符的话。你顾全了对方的脸面，实际上就是说对了话，让对方对你怀有好感，那么，离你的目的也就不远了。

以礼貌的话语提出自己的请求

日常生活中的许多摩擦，都是由于一方说话不注意礼貌引起的。从小，我们就被父母和老师教育要有礼貌，不可恶语伤人，但是在很多情况下，我们会忘记这些教导，随口说出一些让人觉得受到侮辱的话，破坏了人们之间的关系。

说话有礼貌非常重要，它可以使对方有一种受到尊重的感觉，觉得心里很舒服，从而就会乐意接受你的建议，并顺理成章地尊重你这个人。有句俗话说得好，"人敬我一尺，我敬人一丈"，说的就是这个道理。

有两个人到曼哈顿出差，其中一个看到了马路对面有个卖报纸的小摊，就想过去买份报纸，便让他的朋友在那里等他。接过报纸后，他发现自己没带零钱，只好递过一张 10 美元的钞票，对卖报纸的小贩说："找钱吧。"

小贩一听很不乐意，对他说："先生，我来上班可不是给人找零钱的。"

当然，这人没有买到报纸，悻悻地回到了马路对面。这时，他的朋友安慰道："不用急，你在这儿等着，我过去试试。"

朋友来到报摊前，递过同样的 10 美元钞票，对小贩说："先生，对不起，不知您是不是愿意帮我个忙？我是外地来的，想买份报纸，可是身上没有零钱，你看能不能帮我把这 10 美元钱换开。"

　　小贩听了他的话，顺手抓起了一份报纸，递给他说："拿去看吧，这次不用付钱了，等以后你有了零钱，再给我就是了。"

　　同样的事情，同样的说服对象，一个人失败了，而另一个人却干得非常漂亮（一分钱不花，不仅得到了报纸，还让小贩心里非常高兴）。后一个人之所以能够获得成功，就在于他懂得礼貌对人，几句话把小贩的心里说得暖洋洋的，于是，免费送给他一份报纸。

　　所以说，在求人办事时，一定要礼貌，要把人的心说暖。你说话有礼貌，就是对人的尊重，而只有尊重别人的人，才会获得别人的尊重。因为你满足了对方"被人尊重"的心理，就会使别人对你怀有好感，从而也会尊重你的建议，接受你的请求。

　　这一点在谈判中也经常被用到。谈判中，大家都容易激动，特别是当谈到敏感话题时，稍不小心，就会说出惹对方恼火的话，于是，在谈判桌上，破口大骂的有之，摔桌子踢凳子的有之。但是，这些行为并不会为自己带来什么好处，只会让自己在对手面前显得更加狼狈，让自己丢尽了面子。

　　因此，在谈判中一定要谨记，说话要有礼貌，不要说过激的言辞，更不可颐指气使。时时保持清醒的头脑，以柔和礼貌的话语表达自己的建议，以温和的语调提出自己的要求，这会让对方觉得自己是被尊重的，因此，他会慎重地考虑你的建议，就像他会认真地对待你这个人一样。这样做，不仅可以让对方很乐意接受你的要求，并且还会使自己在对方的心中留下很深的印象，让对方觉得你是一个有教养、容易相处的人。

　　在求人办事时，或者在日常交往中，说话一定要有礼貌，只有这样，才会使自己成为一个受人尊重和喜爱的人，并且会使得自己的建议得到别人的重视和接受。

在批评别人时注意语言的应用

俗话说，人活一张脸，树活一张皮，因此，不管对什么人来说，面子都是至关重要的事情。我们一定要注意这一点，即便是在批评对方时，也应该为对方留足面子。

在工商界赫赫有名的邵先生，就很懂得这个道理。据说，他从不用命令式的口吻同别人说话，即便是分派员工工作时，也总是用商量的口气去说。

有的老板在指挥下属做事时，总喜欢说："我叫你这么做，你就只能这么做。"而邵先生就不这么说，他总是以商量的口气说："你看这样做好不好呢？"假如他要他的秘书写一封信，他把大意和要点讲了之后，会再问一下秘书："你看这样写是不是妥当？"等秘书写好后请他过目，他看到需要修改的地方，又会说："如果这样写，你看是不是更好一些？"他虽然处于发号施令的地位，可是他懂得对方是不爱听命令的，所以从不使用命令的口气。

假使在一个盛夏的中午，一群工人正在休息，一位监工走过去把大家臭骂一顿，说是拿了工资不该在此偷懒。工人们畏惧监工，当然是立即站起来工作去了，可是监工一走，他们便又停下来休息了。如果那位监工上前和颜悦色地说："今天天气真热，坐着休息还是不停地流汗，这怎么办呢？但现在这项工程很重要，已到了关键时刻，我们忍耐一下赶一赶好吗？我们早一点干完了，可以早一点回去洗洗澡，休息休息，你们看怎么样？"相信工人们就会一声不响、自觉自愿地去工作了。

有时候，人难免因一时糊涂做一些不适当、错误的事，遇到这种情况，就需要把握住批评别人的分寸：既要指出对方的错误，又要保留对方的面子。这种情况下，如果分寸不适当，或者会使对方很难堪，破坏了交往的气氛和基础，可能因此带来一系列严重的后果；或者让对方占便宜的愿望得逞，给自己带来不必要的损失。

心理学的研究表明，谁都不愿把自己的错处或隐私在公众面前曝光，一旦被人曝光，就会感到难堪或恼怒。因此，在交际中，如果不是为了某种特殊需要，一般应尽量避免触及对方的敏感区，避免让对方当众出丑。必要时可委婉地暗示对方已知道他的错处或隐私，便可造成一种对他的压力。但不可过分，只需"点到为止"。

英国首相丘吉尔曾成功地处理过一件类似的事情。

一次，丘吉尔和夫人克莱门蒂娜一同出席某要人举行的晚宴。席间，一位著名的外国外交官将一只自己很喜欢的小银盘偷偷塞入怀里，但他这个小小的举动却被细心的女主人发现了。她很着急，因为那只小银盘是她心爱的一套古董中的一件，对她来说意义非常重大。怎么办？女主人灵机一动，想到求助于丘吉尔夫人把银盘"夺"回来。于是，她把这件事告诉了克莱门蒂娜。

丘吉尔夫人略加思索，向丈夫耳语一番。只见丘吉尔微笑着点点头，随即用餐巾作掩护，也"窃取"了一只同样的小银盘，然后走近那位外交官，很神秘地掏出口袋里的小银盘说："我也拿了一只同样的小银盘，不过我们的衣服已经被弄脏了，所以应该把它放回去。"外交官对此话表示完全赞同，两人将盘子放回桌上，于是小银盘物归原主。

即使是手下人犯了错误，你不得不批评他，在批评的时候也要注意语言的运用。既要坚持原则，又要不伤害对方的面子，更不可口出恶语，挖苦讽刺，侮辱人格。

同时，还要做到情理结合，情真理切。特别是对落后者的批评，更要注意亲近他们，满腔热情地帮助他们进步，以顾全他们的脸面。只有这样，才能收到好的效果。

在充分尊重对方的基础上提出自己的要求

尊重人是人性中的美德，每个人都有受到尊重的权利，即便是一个乞丐或者落魄的人。因此，当我们在说服别人时，特别是当我们请求对方的帮助时，一定要充分地尊重对方，这样才可以达到自己的目的。

在一个科里，职员小李英语学得挺好的，因此，科里的人都会请他帮忙翻译一些文章。这天，科长叫住了他，说道："小李，你今天看起来气色蛮好的嘛，听说最近挺清闲的？你看人家小张多忙。在现在这个社会，总是能者多劳的。我听大家说你的英文很棒，反正闲着也是闲着，帮我翻译一下这篇稿子，这礼拜就要，你得抓紧点。"

小李一听，装作思考了一会儿，说道："这礼拜？我恐怕要跟你说声抱歉。下星期一我有一个会议，必须准备一些相关资料，所以可能没时间为您翻译，科长不也是大学毕业的吗？我看根本不用托我嘛，反正我本职的工作都做不好，就别说帮你翻译这么重要的事情了。"

科长大手一挥，说道："算了算了，不求你了，我知道了。"

在这个例子中，科长本来是求人办事的，可搞得却像是在批评对方，小李能不拒绝吗？

本来，求人就是说服，而科长不是说服反而是在贬低对方。他先拿小李和小张比，言辞间流露出批评之意，甚至还抨击对方工作没做好什么的。如此一来，小李心里能好受吗？又怎么会替他办事？

在现实生活中，有很多这样的事情。有些人求人办事时，不仅不说好话，还伤害了他人的自尊，自己却一副若无其事的样子。碍于上司下属的关系，对方即使受到伤害，也不至于当场和你翻脸。但是长期下来，部属心中对于上司的不满，也会忍不住溢于言表了。

而该公司的另一位领导，在求小李翻译时，小李却一口答应了。现在我们看看这位领导是如何说的。

"小李，你最近有空吗？听说跟你同期的小张最近很忙，我想你肯定也闲不了。知识经济时代，真是能者多劳啊！下周一又要开会，你现在一定也很忙吧？听人说你的英文学得很不错，不知能否抽空帮我翻译一下这篇文章呢？这是一份非常重要的资料，急着要的，行吗？"

"这周就要吗？连您都这样不敢掉以轻心，我想这份资料肯定非常重要。既然您这么看得起我，我一定会尽力的，只是可能会有些错误，还请您能够多多指教。"

"我就知道你肯定会帮这个忙的，要不然，我也不会来找你了。拜托你啦！"

如此和气尊重的请托，谁会忍心拒绝呢？

同样的请求，为什么换一种说法，小李的反应就会变得如此不同呢？主要是因为他的自尊心得到了极大的满足。

我们每一个人，都会对自己的东西怀有一份自豪、珍惜之心。尊重这份感情，也就能赢得对方的信赖。一般人若能在工作上得到上司的肯定，就很容易滋生甘为对方赴汤蹈火的情感。

在拒绝别人时一定要照顾好对方的面子

生活中，很多人都不懂得怎样拒绝别人，认为拒绝别人是件很难办的事。当别人对他们提出要求时，他们不好意思拒绝，害怕这样会伤害对方的感情，从而使两个人的关系疏远。但是，有时自己实在无法完成对方的请求，或者即使能够做到，却会给自己带来损失。在这种情况下，一定要勇敢地拒绝。

当然，在拒绝别人的时候，一定要照顾对方的情感，尽量不要使双方的交情因此而受到影响。可以说，如何拒绝别人是一门学问，并且是一门需要认真体会的学问。要学好这门学问，就要谨记：在拒绝别人时，一定要顾全对方的面子。

如果在拒绝别人时，让对方丢了面子，那么，他们必然会心生怨恨，这势必会影响你们今后的交情。但是，如果你能够以巧妙的方式拒绝对方，让对方既能很好地明白你拒绝的苦衷，又不觉得自己的面子受损，那么，你就算是掌握了拒绝之道了。

三国时期的华歆，就是以这种方式，既拒绝了朋友们的好意，又没有让他们因此而觉得尴尬。

华歆在孙权手下时，名声很大。曹操知道后，很想将他拉到自己的身边，于是，便请皇帝下诏招华歆进京。华歆启程的时候，亲朋好友千余人前来相送，赠送了他几百两黄金和很多礼物。华歆不想接受这些礼物，但他想如果当面谢绝，肯定会使朋友们扫兴，伤害朋友之间的感情。于是他便暂时来者不拒，将礼物统统收下来。并在所收的礼物上偷偷记下送礼人的名字，以备原物奉还。

华歆设宴款待众多朋友，酒宴即将结束的时候，华歆站起来对朋友们说："我本来不想拒绝各位的好意，却没想到收到这么多的礼物。但是，匹夫无罪，怀璧其罪。念我单车远行，有这么多贵重之物在身，诸位想想我是否有点太危险了呢？"

朋友们听出了华歆的意思，知道他不想收受礼物，又不好明说，使大家都没面子，他们内心对华歆油然生出一种敬意，便各自取回了自己的东西。

假使华歆当面谢绝朋友们的馈赠，试想千余人，不知道要推却到什么时候，也不知要费多少口舌，并且会使大家都很尴尬，扫了众人的兴。而华歆只说了几句话，便退还了众人的礼物，又没有伤害大家的感情，还赢得了众人的叹服，真可谓一箭三雕。

在上边的故事中，华歆之所以能够成功地谢绝朋友们的馈赠，主要是因为华歆注意保全朋友们的面子。他在拒绝朋友时，没有坦言相告，而是找了一个危害自身安全的理由，虽然朋友们也知道他是在故意推辞，但不会以此为意。因为华歆的委婉拒绝并没有让他们觉得难堪。

如果你必须拒绝对方时，也一定要注意，千万不能使对方觉得难堪，更不能伤害对方的感情。如果你能够照顾对方的感受，让对方明白你的苦衷，那么，就算你没有答应对方的要求，对方也不会怪你，甚至还会因为你的坦然相告，认为你是真诚的，从而更加佩服你。

把对领导的批评隐藏在玩笑背后

在语气上是嬉笑怒骂，实质上是批评。由于比较委婉，不伤对方面子，对方容易听进去，一旦觉悟到自己的过失，就容易接受劝告，改变行为。

一般说来，对人进行说服、劝导，应当正面说理，严肃认真。但是，从人的心理角度来看，那些固执己见的人，往往不容易接受直言劝导，因为他们觉得这样做会让自己显得没面子。因此，如果你试图跟他据理力争，势必会弄得双方面红耳赤，不欢而散。

对付这种人，不妨用开玩笑的方式，将对他们的批评隐藏在玩笑后边，既可以保全他们的面子，还让他们乐于接受你的建议。

在国外，有一家公司的待遇非常差，职员对此苦不堪言。但是，公司老板却不肯改善职员的待遇，他认为下级职员都是一些庸俗不堪的人，并且他们对公司不够忠心，工作不努力，而且多数人是兼职。

基于以上原因，一旦有人拿其他同性质的公司作对比时，该老板就会说："那些公司的职员都是正途出身，不像我的下属，都是些杂牌军。"

有一段时间，这个公司迟到的人数越来越多。针对这种情况，该公司的一位高级职员找到老板，向他诉苦道："初级职员简直没有办法到公司办事。"

老板听了，觉得很奇怪，就问道："为什么呢？"

这位高级职员说道："坐人力车吧，觉得车费太贵。坐电车吧，又苦于挤不上去，而且每月所出的电车费也是一笔不小的数目。你看，该让他们如何解决这个困难呢？"说完，他叹了一口气，装出一副无可奈何的样子。

老板建议道："这个问题好办，让他们以后以步当车，这样既可以节省开支，又可以锻炼身体，不是一举两得的好事吗？"

谁知，高级职员听了这个建议，摇摇头说："不行，鞋袜走破了，他们也没钱买新的。我倒有个主意，不知道老板觉得怎么样。您不如发出一个告示，提倡赤足运动，这样，大家赤着脚来上班，不就把这个难题解决了吗？这样做我觉得没什么不好的，谁让他们命不好呢，生在这个时候？谁让他们不去想发财的门路，却要当苦命的职员？他们坐不起电车、人力车，也不能鞋袜整齐地到公司上班，这都是活该！"

说到这里，那位高级职员笑了起来，而老板被说得不好意思起来，也跟着笑了。后来，这位老板很好地改善了职工的待遇。

在这里，该公司高级职员批评领导的方法就是"嬉笑怒骂"。他用责备下属的语气，尽情表露了他们的苦衷，其实，他是想用反面的方式表达正面意思：公司待遇太低了。

把给对方的荣誉和奖赏做到明处

有些时候，如果你能够给人送一些值得炫耀的纪念品，就会让对方觉得脸上有光，今后有值得在人前夸耀的东西。因此，对方就会对你心怀感恩，更容易接受你的建议，答应你的要求。这种方法，最适于用在领导对下属的关系中。领导者可以通过给下属面子的方式，使下属心甘情愿地为自己工作，而且，他们会工作得更加卖力，更加尽心。

清朝的曾国藩就曾经用这种方法，很好地激励了自己的将士。

曾国藩太平军手中夺回了岳州、武昌和汉阳后，取得了以来第一次大胜利。为此，曾国藩上疏朝廷，为自己功请赏，朝廷恩准了，给这些人都封了官。

但是，曾国藩觉得这样做还不够，还应该给那些最勇敢的下属备值得炫耀的纪念品，给他们足够的面子，鼓励他们在作战时更加勇敢。同时，这样做，也会使那些没有得到纪念品的将士希望得到这样的奖赏，使得他们作战时也更加英勇。

为给下属们配备什么样的纪念品的问题，曾国藩考虑了很长一段时间，最后决定以个人的名义，赠送有功者一把腰刀。这样做，既表达了自己与对方的特殊感情，又鼓舞了湘军的尚武精神。打定主意后，他派人锻造了 50 把非常精致美观的腰刀。

这一天，曾国藩召集湘军中哨长以上的军官，在湖北巡抚衙门内的空阔土坪上听令。曾国藩穿得格外整齐，迈着稳重的步伐走上了讲台。这阵势，使得土坪上顿时鸦雀无声。

这时，曾国藩开口说道："诸位将士辛苦了，你们在讨伐叛贼的过程中，英勇奋战，屡战屡胜，为国为民出了不少力，皇帝也封赏了大家。今天召集这次大会，是要以我个人名义，为有功的将士授奖。"

台下又开始议论纷纷，大家都在猜想，统帅到底要为自己颁发什么奖章。

曾国藩让士兵抬上来一个大木箱，打开一看，里面装着50把精致华丽的腰刀。曾国藩抽出一把腰刀，只见刀锋刃利，刀面正中端正刻着"殄灭丑类、尽忠王事"8个字，旁边是一行小楷"涤生（曾国藩的号）曾国藩赠"。旁边还有几个小字是编号。

曾国藩说道："今天我要为有功的将士赠送腰刀。"

接着，他亲自将腰刀一一送给功勋卓著的军官。

场下的气氛顿时活跃起来，得到腰刀的，欣喜若狂，没有得到的，嫉妒羡慕之情溢于言表；有人为腰刀的精致而赞叹，也有人为曾国藩的心意而感动；还有人在暗下决心，以后打仗时，一定要冲锋陷阵，争取自己也得到一把这样的腰刀。

就这样，曾国藩给能干的下属配备了值得炫耀的纪念品，这使受刀者得到了激励，同时，没有得到腰刀的就会向这些受刀者看齐，在以后的战斗中奋不顾身，为的就是得到这把值得炫耀的腰刀。通过这种明显的向对方给予奖励与赞赏的方式，曾国藩达到了自己的目的——士兵们的士气极其高涨。

历史上这种类似的事很多，刘邦即位后，就给他的功臣萧何"剑履上殿，入朝不趋"的厚待。在现代社会中，也有许多这样的事，老板给自己的下属配备手机，给他们一辆轿车，这都是为了给下属足够的面子，让他们认为值得炫耀，从而达到激励下属的目的。

因此，在我们说服别人，以期让他能够长期有效地为自己办事或工作时，不妨采用这种方式，把给对方的荣誉和赞赏做到明处，让他们有对外炫耀的资本，觉得自己很有面子。只有这样，对方才会在自尊心满足的同时，更好地为我们服务。

在批评别人时要给对方留些脸面

在座无虚席的公交车上，上来了一位老先生。一个年轻人前后张望了一下，然后起身给老人让座。

老先生坐了下来，一声不吭，没有向年轻人道谢。

年轻人俯下身，装着倾听的样子，然后问老先生："您说什么呢？我没有听清，麻烦您再说一遍好吗？"

老先生很奇怪，他抬起头，疑惑地说道："我刚才根本就没说话呀。"

"我还以为您说谢谢呢！"年轻人笑着说。

年轻人说完，车上有人发出浅笑。但是，当老先生说出下面的话之后，浅笑立刻变成了哄堂大笑。

"年轻人，我误会你了。我还以为你是一位尊敬老人、不讲条件的模范青年呢，看来，我看错人了，我检讨。"

在这个例子中，我们先不去评判他们谁是谁非，单就他们互相批评的方式来看，双方的表现的确称得上机智。他们用机智的话语，既指正了对方的错误，又给对方留足了面子。在生活中，这种机智的批评，在被批评对象听来，虽然有一种被讥讽的小小的不舒服，但比起承受那种不留情面的批评，还是能够感受到对方的善意的。

用间接委婉的方式指出对方的过失，不会让对方感到太尴尬，因此，也不会遭到对方的反感。并且，对方在体会到你的善意的同时，会很乐意接受你的建议。

纽约一家大百货公司的老板弗兰克，平时就很喜欢采用间接委婉的批评方式对犯错误的员工进行教育，并且，总能起到很好的作用。

为了很好地掌握自己公司的动态，弗兰克每天都会去百货公司"巡视"一次。有一回，他一走进公司，就看到一位女顾客站在橱柜前四处张望，却没有一个营业员主动上前提供服务。弗兰克觉得奇怪，向四周一看——原来她们都凑在一个角落处，嘻嘻哈哈地开玩笑。

弗兰克并没有生气，也没有当即教训她们。他快步走到那位女顾客面前，微笑着为她介绍起她所看中的商品的特性，然后把她挑选好的商品交给营业员包装，接着，一言不发地离开了。营业员看到这种情景，都非常惭愧，马上各就各位。

从上边的例子中，我们可以看到，弗兰克这种以自身行为为榜样，而不进行语言批评的教育方式，比任何谆谆教导都更具有震慑力。

因此，如果你想使自己的批评收到自己所期望的效果，首先就得让对方把你的建议听进心里去。而那种不顾对方的感受，任由自己一吐为快的批评方式，是很难达到这一目的的。

使用"三明治"批评方法

欧美的一些企业家，极力主张使用"三明治"批评方法，即在批评别人时，先找出对方的长处赞美一番，然后再提出批评，并且，批评完时，一定要再表扬一番，力图使谈话在友好的气氛中结束。这种两头赞扬、中间批评的方式，很像中间夹馅儿的三明治，因此，这种方法也被称为"三明治"批评法。

这种方法的优点是，批评者在批评对方的同时，又讲出了对方的长处，可以起到为对方辩护的目的。被批评者的能力、为人、是否努力等方面，有很多值得肯定的地方，对这些，如果批评者视而不见，就会让对方心里不服，认为自己的许多成绩和长期努力都没有得到应有的重视，而失误一次就被抓住，会认为批评者是专门跟自己作对。

但是，如果批评者首先赞扬对方，表明自己对对方工作的承认，就避免了对方的误会，让他知道批评的是具体的事，而不是人。这样，对方就会自然地放弃为自己辩护、维护自己自尊心的做法。

当我们听到别人对我们的某些长处表示赞赏之后，再听到他的批评，心里往往会好受得多。

麦金尼 1896 年竞选美国总统时，也曾采用过这种方法。那时，共和党有一位重要人物替麦金尼写了一篇竞选演说稿，他自以为写得高明，便大声地念给麦金尼听，语调铿锵，声情并茂。可是，麦金尼听后却觉得有些观点很不妥当，可能会引起批评的风暴。显然，这篇演讲稿不能用。但是，麦金尼把这件事处理得十分巧妙。

他说："我的朋友，这是一篇精彩而有力的演说，我听了很是兴奋。在许多场合中，这些话都可以说是完全正确的。不过用在目前这种特殊的场合，是不是也很合适呢？我不能不以党的观点来考虑它将带来的影响。请你根据我的提示再写一篇演讲稿吧，然后送给我一份副本，怎么样？"

那个重要人物立刻照办了。此后，这个人在竞选活动中成了一名出色的演说家。

有的领导认为先讲赞扬的话，再批评，带有操纵人的意味，用意过于明显，所以不喜欢用。这种说法也有一定道理，因为当你找到某人就表扬他，他根本听不进你的表扬，他只是想知道，另一棒会在什么时候打下来——表扬之后有什么坏消息降临，所以在更多的时候，许多领导把表扬放在批评之后。

在批评结束时对下属表示鼓励，让他把这次批评当成促使他上进的力量，而不是一次意外的打击。此外，还应该让对方知道，虽然他在某件事上处理失当，然而你却尊重他的人格。

为了把你的尊重传达给对方，适度的赞美和工作上的认同是必要的，否则光是针对对方的某项缺失提出批评，容易让对方感到不受尊重，因而心怀不平。

用真诚体谅的话语让对方反省

人都有利己心理，一旦自身有了过失，总要千方百计为自己寻找借口，但是，当别人犯了错误时，自己立刻就变成了一个公正严明的法官，疾恶如仇起来。其实，人无完人，每个人都有犯错的时候，我们何必对别人太苛刻呢？

中国有句古话，说的是以责人之心责己，以恕己之心恕人。意思就是说，对自己不妨苛刻一点，每当自己犯了错，一定要自我检查，反躬自省；在对待别人时不能太过严厉，而是要理解对方的苦衷，宽恕对方的错误。这是一句励志格言，值得我们好好学习，深刻体会。在生活中，真正能够做到这一点的人是非常少的。

当别人犯错误时，我们当然有责任让他们改正，但是，在对他们指责时，一定要为对方留足面子，不要一味地挖苦、嘲讽，这样做就太苛刻，也太恶毒了。

有一个女出租车司机，在把一名男青年送到指定地点后，对方突然掏出尖刀，威胁她把身上的钱全掏出来。这时，女司机没有慌张，她冷静地把当天的 300 元收入递给对方，还关切地说道："今天就挣了这些，要不我把零钱也给你吧？"说着，又将口袋里的 20元零钱也递给了青年。

那个抢劫者见女司机如此镇定，如此自然，不禁有些发愣。听到女司机提出再送他一程的建议时，他没有反对。

当车上的气氛缓和后，女司机便用忧伤的语调，说起了自己的过去："你的心情我能理解。我家原先也很困难，父母常年有病，我和弟弟经常遭受别人白眼。一次，弟弟在珠宝店偷了一个有钱人的提包，在对方的追赶下，跑经十字路口时，不幸滑倒，被一辆大货车碾了过去……我不认为弟弟是个坏人。后来我学驾驶，又借钱买了这辆车。我不信自己就应该受别人冷落。只要自己瞧得起自己，别人的态度不用去计较。"听着这些话，青年一言不发。

女司机忍住了泪水，接着说道："但我不能原谅弟弟的是，他有什么想法从不跟我说，不然他也不会……他的死真不值得。"女司机呜咽了起来，再也说不下去了。

"停车，快停车。"男青年突然大叫。

当车停到道边时，男青年把那320元钱恭恭敬敬地放在女司机旁边的座位上，同时低声说道："大姐，谢谢您。"说完后，他推门下车，头也不回地走了。

从这名女司机坦然的话语中，你不能不对她的那份从容和宽容感到震撼。是的，世界上没有天生的恶人，任何一个人来到人世都没有抱着威胁他人的目的。只不过大多数人能够冷静面对自己的先天"劣势"，并决心凭自己的力量去改变，而有极少数人却产生错觉，将一切不幸归咎到外界，以致犯下不该犯的错误。

而从女司机的这些话语中，青年人也体会到了对方对自己人格的尊重，以及对自己的失足发自内心的惋惜。试问，在这种真情面前，又有几人能够不为所动？于是，男青年放下了本不属于自己的钱，既表达了对女司机的尊重，也追回了自己的尊严。

体谅是一种高尚品行的彰显。体谅他人，是一种心中装着别人的高尚品行，是一种有容乃大的气度。只有那种能够站在别人的角度看待与处理问题的人，才能真正地做到设身处地为他人着想，体谅他人。万物皆有所长有所短，人与人之间所要做到的便是舍其短而取其长，面对有缺憾的人，应该要学会包容。一位哲人说过一番耐人寻味的话：天空收容每一片云彩，无论其美丑，故天空广阔无比；高山收容每一块岩石，无论其大小，故高山雄伟壮观；大海收容每一朵浪花，无论其清浊，故大海浩瀚无边。哲人之言无疑是对宽容最生动直观的诠释。一个人的胸怀能容下多少人，他就能赢得多少人。

第六章

通过譬喻的方式，使说服变得生动

有些道理是很难解释的，有些事是很难说清楚的。在这个时候，就要学会运用譬喻的方式，将复杂的事情简单化、生动化。通过譬喻的方式，可以使对方在兴致勃发的同时，被我们轻松地说服。

利用对方的荒谬逻辑将其驳倒

当对方的逻辑很荒谬时，如果你试图用正面的方式去驳倒他，简直比登天还难。此时，不妨利用他的荒谬逻辑，以其人之道还治其人之身。

欧布里德是有名的诡辩家，一次，他向邻居借了一笔钱，已经过了很长时间，可他从不提还钱的事。

邻居找到他，向他讨债，而他却面不改色心不跳地说："没错，我是向你借过钱，可你要知道，万物都是变化的，从前的我绝不是现在的我，从前的你也绝不是现在的你，因此我没有义务为从前的那个我还钱，而你也没有资格替从前的那个你追账。你找错人了。"说完后，欧布里德还得意地瞅着这位邻居。

邻居一听，二话没说，抄起棍子狠狠地教训了这个"恶棍"一顿。

欧布里德吃了大亏，叫嚷着要去告官。

邻人利用他的逻辑，说道："你看明白了，我不是过去的我，你也不是过去的你。就像你刚才说的，万物都在变化，现在的你有什么资格替过去挨打的你要求现在的我替过去打人的我负责？"欧布里德听邻居这么一说，不知如何是好。

靠诡辩摆脱责任，纯属徒劳，因为一个人若用荒谬的逻辑蒙人，对方也可以以牙还牙，让他无法自圆其说，最终理屈词穷。这种利用对方的荒谬逻辑将其驳倒的方式，可以使你的意识不被对方左右，始终占据主动。

20世纪30年代中期，香港茂隆皮箱行经理冯灿靠着自己经营有方，生意做得如火如荼。没想到的是，这竟然引起英国人威尔斯的嫉妒。威尔斯为了搞垮茂隆皮箱行，使出了吹毛求疵的敲诈伎俩。

他跟茂隆皮箱行签订订货合同，订购皮箱3000只，价值20万港币。规定1个月后取货，并且着重说明如果卖方不能保证质量或延期交货，将赔偿买方50％损失。

1个月以后，茂隆皮箱行来交货，威尔斯却说，合同写明是皮箱，而送来的3000只却全都含有木料，这完全属于质量不合格，因此告到法院，要求判决冯灿犯诈骗罪，并支付赔偿。

冯灿委托律师罗文锦出庭辩护。

正当威尔斯在法庭上把他那套歪理说得黑白颠倒时，罗律师站起来，从口袋取出一只金怀表，高声问法官："法官先生，请问这是只什么表？"

法官回答："这是英国伦敦出品的金表。这跟本案有何关系呢？"

"有关系。"

罗文锦律师对着在场的所有听众说道："法官先生告诉我们，这是金表。这没有任何疑问吧？但是如果按原告威尔斯的逻辑，这块金表因为内部机件不是金质的，就不能算作金表，我们能够同意他的说法吗？"

"不能！"听众异口同声。

罗律师接着说："那么，很显然，威尔斯控告我的当事人犯有诈骗罪，根本就是诬告。他属于无理取闹，存心敲诈！"

结果，威尔斯理屈词穷，被法庭判以诬告罪，向冯灿支付货款。

巧设故事情节将自身置于故事中

当有些话难以说出口时，或者有些要求不好意思当面提出时，可以以讲故事的方式向对方娓娓道来，然后，再对这一故事进行讨论。等到对方对故事的看法与自己的期望相同时，再把其中的主语换过来，就可以达到说服的目的了。

19 世纪俄国著名的作家陀思妥耶夫斯基就是用这种方法，摸清了小秘书的芳心，"逼"她供出了底牌。

1866 年，对陀思妥耶夫斯基来说是灾难性的一年，妻子玛丽娅病逝，没过多久，他的哥哥也病逝了。因为付出了沉重的医疗费，再加上其他的开销，陀思妥耶夫斯基此时已负债累累。为了还债，他为出版商赶写小说《赌徒》，请了一位名叫安娜·格利戈里耶夫娜的 20 岁的速记员。安娜非常善良，并且聪明活泼，十分讨人喜欢。

安娜非常崇拜陀思妥耶夫斯基，工作也一丝不苟。书稿《赌徒》完成后，作家已经爱上了他的速记员，但不知道安娜是否愿意做他的妻子，于是，他把安娜请到自己的工作室，对安娜说："我又在构思一部小说。"

"是一部有趣的小说吗？"她问。

"是的。只是小说的结尾部分还没有安排好，一个年轻姑娘的心理活动我把握不住，现在只有求助于你了。"他见安娜听得很认真，继续说，"小说的主人公是个艺术家，已经不年轻了……"

主人公的经历就是作家自己，安娜听出来了，她忍不住打断他的话："你干什么折磨你的主人公呢？"

"看来你好像同情他？"作家问安娜。

"我非常同情，他有一颗善良的心，充满爱的心。他遭受不幸，依然渴望爱情，热切期望获得幸福。"安娜有些激动。

陀思妥耶夫斯基接着说："用作者的话说，主人公遇到的姑娘，温柔、聪明、善良，通情达理，虽然算不上美人，但也相当不错。我很喜欢她。"

"但很难结合，因为两人性格、年龄悬殊。年轻的姑娘会爱上艺术家吗？这是不是心理上的失真？我请你帮忙，听听你的意见。"作家征求安娜的意见。

"怎么不可能！如果两人情投意合，她为什么不能爱艺术家？难道只有相貌和财富才值得去爱吗？只要她真正爱他，她就是幸福的人，而且永远不会后悔。"

"你真的相信，她会爱他？而且爱一辈子？"作家有些激动，又有点犹豫不决，声音颤抖着，显得窘迫和痛苦。

安娜怔住了，终于明白他们不仅仅是在谈文学，而是在构思一个爱情绝唱的序曲。安娜小姐的真实心理正如她自己所言，她非常同情主人公，即作家陀思妥耶夫斯基的遭遇，且从内心爱慕这位伟大的作家，如果模棱两可地回答作家的话，对他的自尊和高傲将是可怕的打击。

　　于是安娜激动地告诉作家："我将回答，我爱你，并且会爱你一辈子。"

　　后来，作家同安娜结为伉俪，在安娜的帮助下，陀思妥耶夫斯基还清了压在身上的全部债务，并在后半生写出了许多不朽之作。

　　陀思妥耶夫斯基向安娜求爱的妙计，历来被世人当作爱情佳话，广为传诵。

在对比中指出对方观点上的错误

秦灭亡后，项羽与刘邦开始了长期的楚汉争霸。公元前 203 年，项羽对刘邦发起了猛烈进攻，直指他的驻地荥阳。刘邦顿时慌了手脚，连忙请教郦食其，问他该怎么办。

郦食其说："过去商汤讨伐夏桀，封他的子弟于杞地。武王打败商纣之后，封他的子弟于宋地。今天，秦朝失去了信誉，连年侵伐诸侯，灭了六国之后，使得这些国家的王室后裔没有了立锥之地。陛下如果能恢复六国，分封他们的子弟，给他们复国的印章，各国的君臣百姓必然会感谢陛下的大恩大德，故而都愿归顺大王，向大王称臣。那时大王就完成了霸业，连楚国也得来朝贡了。"

刘邦一听，觉得有道理，就要刻制印章，叫郦食其携印去分封，恢复六国。当刘邦把这项决策告诉张良以后，张良说："你要照此策执行，你的大业就完了。"

刘邦一听，大惊失色，问道："怎么会呢？"

张良回答道："以前商汤王讨伐夏桀时，分封他的子弟于杞地，是因为他估计自己能把夏桀打败，置之于死地；而如今，陛下您有此把握一定能打败项羽，置他于死地吗？"

刘邦摇了摇头，说："不能，至少现在的实力对比还看不出来！"

张良接着又说："这只是第一个不行的原因。当年，周武王讨伐商纣王时，很有把握能取下商纣王之人头；而如今，陛下您有把握能取下项羽项上人头吗？"

刘邦说："不能。"

张良又说："这只是第二个不行的原因。还有，武王打下殷都以后，能够给商以重赏，把箕子从监狱里放出来，重塑比干的坟墓；而如今，陛下您能够重塑圣人的坟墓、重赏贤明的人、给智慧的人大开方便之门吗？"

刘邦说："不能。"

张良又说："这是第三个不行的原因。武王战胜以后，能够将国家仓库里的粮食发放给饥饿之人，把国库里的钱拿出来给贫穷之人；如今，陛下您能把现在国库里的钱拿出来救济穷人吗？"

刘邦说："不能。"

张良接着说："这是第四个不行的原因。武王在平定天下后，把所有的兵器都收藏起来，用虎皮盖住，表示以后再也不对天下用兵，不再挑起战争；如今，陛下您能做到弃武行文、不再用兵吗？"

刘邦说："不能。"

张良说："这是第五个不行的原因。武王能把马都放在华山南面，表示以后将无所作为；如今，陛下您能把马都扔掉无所作为吗？"

刘邦说："不能。"

张良说："这是第六个不行的原因。还有，武王能够把牛都赶到桃林之中，表示不再劳役人民；如今，陛下您能做到这一点吗？"

刘邦说："不能。"

张良说："这是第七个不行的原因。如今天下的有志之士离开他的亲人和祖先的古坟，离开故里，跟着陛下您征战，日日夜夜都想有一块容身之地。而您要恢复六国，分封韩、魏、燕、赵、齐、楚的后代，那么天下的志士就都有了存身之地，那谁还会跟着您连年征战呢？这是第八个不行的原因。所以，我说，按这种形势推测来看，如果用这个策略的话，你的大业就要完了。"

在这个故事中，张良对刘邦的劝说都是通过对比来进行的——在一连串的对比中，指出了恢复六国这个观点上的错误。这样，刘邦在仔细考虑且有事实根据的基础上，怎能不接受张良的建议，取消恢复六国的决定呢？

通过小事让对方明白成大事的不易

在对一些人进行说服时，最好的办法是让他们做一些简单容易的小事，并让他们坚持着做。只有那些真正有才华能成大事者才能坚持下来，而那些好高骛远的人是坚持不下来的。试想，连这种简单的事都坚持不下来，又怎么能够成就丰功伟业呢？正所谓"一屋不扫，何以扫天下"。

现在，随着社会的发展和变化，很多人特别是年轻人，一心只想做大事，而对那些举手之劳的小事却不屑一顾。结果，他们想做的事做不好，能做好的事又不肯做，这种情况是很可悲的。因此，对于这些人，一定要让他们真正认识到自己的才华，也就是让他们明白自己到底有多少能耐。

古希腊大哲学家苏格拉底就是使用这种方法，成功地说服了自己的学生，并从这些学生中挑到了真正的"千里马"。

苏格拉底新招了一批学生。在开学的第一天，苏格拉底对学生们说："今天咱们只做一件最简单、最容易的事情。每个人把胳膊尽量往后甩，再尽量往前甩。"

然后，他示范了一下，并叮嘱大家以后每天都要做上 300 遍。学生们都笑了起来，认为这么简单的事，谁会办不到。有的学生甚至因此怀疑苏格拉底徒有虚名，不见得能教给自己多少知识。

　　过了 1 个月，苏格拉底问学生们："每天甩手 300 下，哪个同学坚持下来了？"这时，有 90% 的同学骄傲地举起了手，剩下的 10% 的同学低下了头。又过了 1 个月，苏格拉底又问有多少同学坚持了下来，这时，只有 80% 的同学举起了手。

　　1 年之后，苏格拉底再次问大家："请告诉我，简单的甩手运动，有几位同学还在坚持着做？"这时，全班只有一个人举起了手，而这个人，就是后来古希腊另一位伟大的哲学家柏拉图。

　　甩手是很简单、很容易的事情，但如果坚持着做，就是一件很困难的事。所以，一年之后，仍在坚持的就只有柏拉图一个人。通过这件事情，苏格拉底想向学生们传授这样的道理：所有的大事都是由小事组成的，如果连一件小事都做不好，就别指望能成就什么大事业。苏格拉底就是通过这样简单容易的甩手动作，使学生们明白：要想扫天下，必须先把自己的房子收拾整齐。

　　在教育那些心高气傲的年轻人时，一定要学会巧妙地运用这种方法。比如，有些青年人认为自己是个出色的作家，整天因怀才不遇而苦闷，这时，你不妨让他坚持写日记，一段时间后再检查结果。如果他没有做到，那你就不必浪费口舌了，因为此时他也知道自己并不会成为作家。

用顾左右而言他的方式引起对方的兴趣

顾左右而言他，说的是当你想表达一件事情时，不直接说这件事，而是说另外的事情，给对方造成一种错觉，而当他明白真相后，反应会比你直接说出时更加强烈。在说服别人时，可以合理地利用这种方式，即先不说出自己的真实目的，而是卖个关子，拿另外的一件与此类似或有关联的事做文章，当对方迷惑时再说出或表示出自己的真正意思。这样，就可以引起对方的兴趣，使对方很容易地接受自己的建议。

马克思同燕妮青梅竹马，相爱甚深。当两人到了可以结婚的年龄时，马克思决定向自己心爱的姑娘求婚。在求婚时，他的做法堪称经典。

"我已经爱上一个人，并且，这个人已深深地占据了我的灵魂，如果没有她，我将无法生存下去。因此，我决定向她求婚。"马克思看着燕妮，深情地说。此刻，一直深爱着马克思的燕妮非常伤心，着急地问道："你能告诉我，那个幸运的姑娘是谁吗？"

"可以，"马克思说着，将一个精致的小方盒递给了燕妮，说道，"那位美丽可爱的姑娘就在里边，不过，等我离开后，你才能打开它，到时候你就会知道了。"

马克思走后，伤心欲绝的燕妮怀着忐忑不安的心情，小心地打开小方盒。结果，她发现里边装的只是一面镜子，其他的什么也没有。燕妮拿着镜子端详着，从里边看到了自己的容貌，此时，燕妮恍然大悟。原来，被马克思所爱、所追求的那位姑娘，正是她自己。

于是，燕妮接受了马克思的求婚，两人最终幸福地生活在了一起。

其实，如果马克思直接向燕妮求婚，燕妮也会答应的，只不过那样的效果就像喝了一杯白开水，淡然无味。而马克思通过这种方式，想让燕妮经历了大悲，然后再经历大喜，此时的喜就更加令人开心了。并且，这样也可以让自己的求婚更加浪漫，而对于年轻的姑娘来说，她们是很容易被对方的浪漫所打动的。

有一位小伙子，也是通过顾左右而言他的方式，成功地说服了自己心爱的姑娘，成就了一段美满婚姻。

小伙子的家和姑娘的家离得不远，没事时，两个年轻人经常串门找对方玩。这天，姑娘来到了小伙子的家，两人站在猪圈旁说话。忽然，小伙子指着猪圈里的两头大肥猪，问姑娘："你看，它们肥不肥？"

姑娘瞟了一眼，说道："的确挺肥的。"

小伙子接着说："我妈妈为这两头猪很费心，她说要指望这两头猪卖钱，给我娶媳妇。"

姑娘一听，脸红了，并低下了头。

小伙子看在眼里，又问道："你说，谁会嫁给我呢？"

姑娘的脸更红了，头也更低了。

这时，小伙子看着她，柔声问道："我用这两头肥猪迎娶你，你愿意吗？"姑娘捂着脸，娇笑着跑了。

最终，这个小伙子卖了两头肥猪，将自己心爱的姑娘迎娶到了家里。

用简单有趣的小事情譬喻大道理

有些事是说不清楚的，特别是一些深奥的、严肃的问题，如果只就事论事的话，只会让双方感到厌倦。比如，当你试图向自己的孩子讲述人生的真谛时，如果你只说人生如何玄妙、如何深不可测，不仅让孩子听得云里雾里，搞不清东南西北，还会让你自己也掉入谜团，不知所云。此时，不妨用一些简单有趣的小试验，让孩子在嬉笑玩闹中，很轻松地接受你的"布道"。

有位著名的画家，至今仍记着自己小时候的一件小事。他经常说，是那件事改变了自己的一生，从那件小事中他悟出了人生的一个大哲理。这位画家在读中学时，非常贪玩。有一次，他因为连续多次旷课，被学校给予了严厉的处分，并通知了他的父亲。这位父亲得知此事后，并没有责骂他。

晚饭后，父亲找来一个塑料小漏斗和一捧玉米种子。画家很迷惑，不知父亲到底要怎样惩罚自己。这时，父亲开口了："来，咱们一起做一个有趣的试验。"父亲让他把双手放在下面接着，自己捡起一粒种子投入漏斗中，很自然地，种子顺着漏斗那细小的缝隙，滑到了画家的手里。就这样，父亲连续投了十几次，他的手里也就有了十几粒种子。

正当他觉得好玩时，父亲改变了策略，不再一粒一粒地投，而是抓起满满的一把玉米种子，一齐投入漏斗里。那个狭小的缝隙被玉米粒挤住了，竟一粒也掉不下来。

这时，父亲放下漏斗，意味深长地说："这个漏斗就代表着你，假如你每天都能做好一件事，那么，每天你都会有一粒种子的收获和快乐。可是，当你想把所有的事情都挤到一起来做时，反而连一件事情都做不好，也就是连一粒种子也收获不到。"

听完父亲的解释，画家恍然大悟，羞愧地低下了头。这件事虽然已过去了30多年，但父亲的话仍时时回响在画家的耳边：每天做好一件事，每天就会有一粒种子的收获和快乐！

在这个故事里，这位父亲用这件小事向儿子传授了人生的一个大道理：人生是一个缓慢积累的过程，只能一步一个脚印地走，才能走好人生这条路。而如果懒于职守，或者是操之过急，就很难达到人生的辉煌之顶。

试想，如果父亲一开始就讲述这样的道理，譬如人生是个缓慢的过程，要一步一个脚印地走之类的话，会让孩子很迷茫，不知道什么叫"一步一个脚印"，更不知道何谓"操之过急"。这样，父亲即便讲上半天，孩子也未必明白一句，并且，孩子因为听不懂，很容易产生逆反心理，越听越烦，越烦越不想听，更别说接受了。

因此，在对别人讲一些大道理时，一定不要讲空话，这样不仅不会达到目的，还会引起对方的反感。相反，你利用一些有趣的、简单的小事情来譬喻，就会让对方在听完或做完这件小事情的同时，很好地领悟出其中蕴含的哲理。这样，会让你的说服很到位，对对方来说，甚至是刻骨铭心的。

要善于借题发挥从侧面说服

当对方说话不当，或者做了一些令自己不高兴的事情时，如果当面予以回击，会让双方都尴尬，甚至会反目成仇。在这种情况下，不如先让自己平静下来，等找到合适的机会时，再借题发挥，让对方也尝尝自己当时的滋味。这样，就能让对方很好地理解自己当时的不满之情，从而不再如此对待自己。

有位妻子在缝纫机上缝东西时，她的丈夫站在一旁不住地指手画脚，并不停地发表意见："慢点……小心点……怎么搞的，你的针都快断了……把布向左边拉一点，过了过了，再向右拉一点……你真是笨手笨脚。"

终于，妻子忍无可忍，生气地说："亲爱的，你能不能不要多嘴？我会缝。"

"你当然会，亲爱的，我只是想让你体验一下，你平常教我拖地板时我的感受。"

在这里，我们可以想象，当丈夫拖地时，妻子是如何在一旁指手画脚的。而聪明的丈夫避免了与妻子的正面冲突，当时没有发作。后来，在妻子缝东西时，丈夫抓住这个机会，借题发挥，让对方也体会一下受人驱使、听人吆喝的滋味。

同样，当我们受到对方的语言攻击时，可以不从正面答辩，而是借助对方为我们提供的话题，抓住其中的漏洞进行还击，这样，就可以改变辩论的局势，让对方的错误观点不攻自破。

当然，这种方法关键就是"借"。如果借得适当，就会战胜对方，达到自己的目的；而借得不当，就会让自己丢面子，使形势对自己更不利。

因此，在我们受到侮辱，或者对方的不经意行为让我们气愤时，一定要保持理智，让自己的头脑冷静下来。因为如果立刻就这个话柄还击，对双方都没有好处，只会让双方都尴尬或者气恼。不如找个合适的机会，借题发挥，让对方知道他的言行是不当的，使其以后不再犯同样的错误。并且，这样做的另一个好处是，可以照顾到对方的感情，不至于让双方撕破了脸。

将机智与逻辑融为一体驳倒对方的诡辩

如果在说服对方的诡辩时，能够将逻辑与机智融为一体，便会使反驳更加有力也更加有趣。

一个赶路的年轻人，在路上截住一位老大爷，问道："喂，老头子，从这里到张家屯还有多远？"

老大爷看了他一眼，说道："还有 500 拐杖。"说完，老人还用拐杖点了点地。

年轻人觉得挺奇怪的，就笑着问道："你这个老头儿说话挺奇怪的，路只有论里的，哪有论拐杖的？"

老大爷瞪了他一眼，说："要是论里（礼），你就不应该叫我老头子。"

年轻人一听，惭愧地低下了头。

在这个例子中，老大爷利用"礼"和"里"同音的巧合，将"里"偷换成了"礼"。老大爷这样做倒也没有什么恶意，只是想借这个巧合教训一下那个不懂礼貌的年轻人。如果老大爷不用这种方式，而是采用平常的方式，说年轻人不懂礼貌，以后应该尊重老人之类的话。那么，年轻人可能会觉得这个老头啰里啰唆，或者说一些更难听的话。而老大爷用这种方式，说服效果就会更加强烈，让年轻人在反省中深刻领悟老大爷的意思。

在日常生活中，我们不应完全像上面那位老大爷那样说话，并且也没有必要那样做，因为如果都这样说话，很容易引发一场唇枪舌战，影响人际关系。但是，如果在说服对方的诡辩时，能够将逻辑与机智融为一体，便会使反驳更加有力，也更加有趣。

有一天，古希腊的文学家欧伦斯庇格去饭店用餐。等了很长时间，店主还没有把牛肉烤好，可是他已经非常饿了，实在等不下去了。这时，店主向大家建议道："谁要是等不及吃正餐，可以先随便吃点现成的东西，充充饥。"

于是，欧伦斯庇格就吃了不少的干面包。

吃饱之后，欧伦斯庇格就坐到烤肉炉边，一边喝水一边休息。等到肉烤熟后，店主请他上桌就餐，他随意回答说："不用了，在炉子边坐着，闻烤肉的味儿都闻饱了，不用再吃了。"

当别人用餐时，他躺在炉边打起盹来。一会儿，店主过来收烤肉钱，走到欧伦斯庇格身边时，他说："我根本就没有吃烤肉，干吗要付钱给你？"

店主说："你是没有吃烤肉，但你是闻我们的烤肉的味儿才饱的，你说你不应该付钱吗？"

欧伦斯庇格听老板这么一说，就掏出了一枚银币，使劲地扔到桌子上。银币在桌子上转了几圈，发出清脆的声音，欧伦斯庇格随即把它捡起来，重新装进自己的口袋里。然后，他看着老板问道："你听到钱的声音了吗？"

老板很诚实地答道："听到了。"

"我的银币的声音，正好够付你烤肉的味儿的钱。"说完，欧伦斯庇格离开了饭店。

饭店里的顾客都笑起来了，老板也笑着摇摇头，无可奈何地望着他的背影。

在这个例子中，如果欧伦斯庇格一味地跟老板争论，是争不出什么结果的。而他采用这种方式，利用银币在桌子上滚动时发出的声音来对照烤肉香味的虚无缥缈，使老板知道了自己的要求是无理的。

要善于运用生动贴切的比喻

在日常交往中，说话一定要说明白，能够用一些生动贴切的比喻很好地表达自己的意思时，就不要讲那些大道理。并且，你把话讲得越明白，对方就越能够接受你的建议。

有时候，直接说出你的建议，对方可能不容易接受，这时，不妨用一些生动贴切的比喻来对你的建议进行解释，让对方明白，其实你的建议是非常容易办到的。而对于那些容易办到的事，很多人还是乐意接受的。

著名的日籍华人夏目志郎年轻时曾当过推销员。一次，他到琦玉县去推销《儿童英语百科辞典》。当时，琦玉县经济不很发达，在全日本排名靠后，再加上道路崎岖，所以，很少有推销员愿意往那里跑。

但是，夏目志郎却不这样认为。在他看来，越是落后的地方，越是需要提高教育水平，这种书的需求量就会越大。于是，他就背上书，挨门挨户地去推销。

来到一户农家，夏目志郎敲开门，说明来意。哪知，主人面无表情地说道："你走错地方了，我们农夫没有必要学英语，你找其他人吧。"

夏目志郎连忙解释道："先生，这书不是给您用的，是给孩子们用的。"

"孩子们？那就更不用了，他们能把日语学好就不错了。"主人还是冷冰冰的口气。

夏目志郎并未放弃，仍然耐心解释道："现在的日本和过去不同了，如今使用英语的地方越来越多，日本也越来越国际化了，待在家里当然不需要英语。可是，你愿意让你的孩子一辈子待在家里，而不愿让他出去闯一闯，见见世面吗？您不觉得您这样做，是对下一代不负责任吗？"

听他这么一说，主人刚才冷冰冰的神情已经消失了，他若有所思地说："这英语好学吗？"夏目志郎觉得有希望，问道："府上养狗，您和家人是否怕狗？"

"当然不怕。"

"对呀，因为惯于养狗，所以不怕狗。学英语也一样，从小养成习惯，这对学英语是非常重要的。在自己身边有好的英语教材，小孩子一定会亲近它，不知不觉中就会对英语产生兴趣，不是很好吗？"

一番话过后，主人终于爽快地买下了夏目志郎手中的《儿童英语百科辞典》。

在这个例子中，夏目志郎把学英语比喻成养狗，刚开始时，人们可能会怕狗，但是，相处的时间长了，就会把它看成自己家庭的一员，也就不再怕它了。学英语也是一样，刚开始可能会觉得不好学，搞不明白，但是，学的时间长了，就会像掌握本国语言一样熟练地应用。

夏目志郎把自己的建议说得如此生动、如此贴切，主人自然就会明白，学英语原来并不像自己想象的那么难。因此，主人最终动了心，买下了《儿童英语百科辞典》。

用浅显易懂的道理讲明自己的观点

有的道理很深奥，是讲不明白的，就算能够讲明白，也会大费周章，搞得双方都很累。因此，在这个时候，就需要用一些浅显易懂的道理，很好地将自己的观点表达出来，那么，对方在轻松地接受道理的同时，也会自然而然地接受我们的观点。

一次，著名作家刘绍棠在给大学生们讲文学创作时提到，创作的基本要求是一定要坚持原则。

这时，一名女生从座位上站了起来，说道："老师，我有问题要问。"

刘绍棠停下了讲课，问道："有什么问题，请讲。"

那名女生问："真实的是不是存在的？"

"真实的当然是存在的，这是哲学上的基本常识嘛。"刘绍棠答道。

"既然是存在的，就应该是可以表现的，所以，只要是真实的就可以表现，就可以写，这难道不是作家所追求的吗？"

刘绍棠听后，没有直接回答，而是对那名女生说："我想请你走到前面来，还有，记得带上你的学生证。"

那名女生走到讲台前，将学生证递给了刘绍棠。刘绍棠翻开学生证，指着上面的照片，问道："你为什么不在你脸上长痘时拍张照片，然后，把那张照片贴在学生证上呢？"

那位女生不解，问道："为什么？谁会在自己脸上长痘时拍照片，还把它贴在学生证上，那多难看。"

刘绍棠趁机说道："对呀，你不会在脸上有痘时拍照，更不会把这种照片贴在学生证上，这说明你对自己的认识是本质的。因为你是漂亮的，不漂亮只是暂时的，它不是你最真实的面目，所以你不想在长痘时照相留念，更不想把这样的照片贴在学生证上。同样，我们社会的某些缺点是要批评的，但有些事情是有其特殊原因的，我们的政府自然会去采取措施改正。可是你非要把它揭露出来，这岂不是要政府把长痘时拍的照片贴在工作证上吗？为什么你对自己是那样公正，对政府却是这样的不公正呢？"

一席话，让那位女生心悦诚服地点了点头，而全班同学也为刘绍棠这个贴切恰当的比喻鼓起了掌。

在上边的例子中，刘绍棠没有正面回答那位女同学的问题，而是用一个巧妙的比喻使女同学明白了自己的观点是多么的偏激。既然每个人长痘只是暂时的，也就是说每个人的丑陋只是暂时的，那么，就不必因为他暂时的丑陋而否定他的美丽。同样，在搞文学创作时坚持原则，有时可能会出现一些错误，出现一些令人不太满意的效果。但是，这些都是由于各种各样的原因引起的，并且，这些错误也不会永远就这样下去，是会被改正的。既然这样，我们为什么不能够公正地看待这个问题，而非要根据它的一时之错，将之全部否定呢？

道理已经说得非常明白，那个女同学自然心悦诚服地接受刘绍棠的观点了。

用生活中的实例来比喻重大事情

齐威王一路春风得意，功成名就，因此，面对成绩就不免沾沾自喜，只愿意听奉承话，对刺耳的忠言大为反感。相国邹忌看到这一切，急在心里，想着要规劝一下好大喜功的齐威王。

有一天早朝，邹忌向齐威王讲了一件发生在自己家里的事：

一天早晨，我起床梳洗打扮，照着镜子，觉得自己模样还不赖。这时，我的妻子走过来了，我就问她："你看我和城北徐公谁长得英俊？"妻子听了，笑着说："城北的徐公哪里有你英俊。"

我心存疑惑，陛下您也知道，城北徐公是出了名的美男子，我还有这点自知之明。

一会儿，臣的妾也过来了，我又问了同样的问题，妾也说我比城北徐公英俊。

第二天，臣的一位朋友来求我替他办件事。闲聊之中，我又提起谁更英俊的话题。朋友想都没想，脱口而出："您要比城北徐公英俊得多，相信我的话好了！"

这次臣真的相信了，妻、妾、朋友都这样说，那还错得了吗？

可是几天之后，碰巧城北徐公来访，我仔仔细细地把他端详了一番，自叹不如，心里暗自想："徐公真是天下少有的美男子，我怎么能和他相提并论呢？"

齐威王听得兴味盎然，问："这是为什么呢？不是有很多人都说你比他英俊吗？"

邹忌见齐威王已经入了正道，便严肃地说："我的妻子说我英俊，是她偏爱我；我的妾说我英俊，是因为她怕我；我的朋友说我英俊，是他有求于我！"

齐威王听了，点点头说："有道理！"

邹忌趁机劝道："是啊，大王。我们齐国方圆千里，地大人多，兵力强大。宫廷里侍奉您的，没有一个不害怕您的；文武百官、黎民百姓，没有一个不想得到大王恩赐的。因此，这些人就会尽拣好听的话给您听，久而久之，大王您就变得耳不聪、目不明了。现在，您的信息已经够闭塞了，希望大王能够重视这件事情。"

齐威王听了，觉得很有道理，就下令张榜征求谏言，并给予奖励。一时间，进谏的人络绎不绝，而齐国也变得越来越强大了。

在这个故事中，邹忌以贴近生活的实例，与国家大事联系起来，使齐威王在娓娓动听的故事中明白了自己的缺点，这要比直接规劝有效得多。齐威王当时正在兴头上，春风得意，如果邹忌直接对他进谏，势必会引起齐威王的反感，认为他是要扫自己的兴，这样，又怎么会接受他的建议呢？但是，用生活中的小事作比喻，让其体会得更加深刻，认识得更清楚，也会使他更乐意改进。

在碰到一些重大的事情时，我们也应该学会使用这种方法，用一些有趣的、与生活贴近的小事与这些大事联系起来，让对方在这些小事中体会到一些深刻的道理，进而达到说服的目的。

第七章

说服：辩论坛上的一把利剑

　　说服高手常常闪烁在各大辩论坛上。在辩论过程中，他坚持自己的观点，驳倒对方的观点。而这个辩论过程其实就是说服对方辩手，说服评委与观众的过程。

赛场说服的技巧

赛场辩论，是有组织、有领导、按一定章程和规则、抽签决定正方和反方、事先形成对立面的辩论。辩论的目的，一是探讨某个理论问题，二是培养和训练雄辩的才能。

辩论中，每一位辩手其实都是一位说服高手，他们都希望自己巧舌如簧、出口不凡、一语破的，并且能口若悬河、无懈可击。要提高辩论水平，就必须掌握一定的说服方法和技巧。严格说来，辩论是异常复杂而又变化万端的，因此固定不变的方法是难以寻觅的；但是追溯辩论的史迹，探究辩论的成败，还是可以从中找到一些基本方法的。

要想在辩论中说服对手出奇制胜，必须做到：

第一，有理敢说服。在有理的情况下，敢于理直气壮地陈述自己的看法和观点。辩论说服时，要奉行"得理不让人"的原则（或是"明让暗不让"），力求以理征服对方，即便难以使对方心悦诚服，也要努力迫使对方哑口无言。

第二，有利巧说服。就是要善于抓住论辩说服的有利时机，把握论辩说服的策略、方法和技巧，谋取论辩的最佳效果。

第三，有节善说服。就是要运用刚柔相济的辩术进行论辩说服。有节，就是论辩说服要适可而止，留有余地。

选择最佳论辩的说服角度

　　1993 年，首届国际（华语）大专辩论赛的首场比赛，是复旦大学队与英国剑桥大学队对垒，辩题是——温饱是谈道德的必要条件。我们对这一辩题的概念作了如下分析：

　　温饱：饱食暖衣。换一种说法，即无衣食之困。我们大致可以把人类的生存理解为三种状态：第一种是贫困，即勉强能够维持生存；第二种是温饱，表明生存状态较好，已脱离受冻挨饿的境地；第三种是富裕，指一种很优越的生存状态。

　　道德：调节人们行为的规范，由社会舆论和良心加以支持。

　　谈：提倡、宣扬。

　　必要条件：其逻辑含义是"无之必不然，有之不必然"。

　　通过对辩题中上述 4 个主要概念的分析，我们发现，剑桥大学作为正方在逻辑上最难跨越的是"必要条件"这个概念。既然这个概念蕴含着"无之必不然"这层意思，那么对方在逻辑上面临的最大困难在于必须论证：没有温饱就绝对不能谈道德。换言之，在前温饱状态下是不能谈道德的。而前温饱状态又有三种表现形式：一是贫困；二是正在走向温饱，但尚未达到温饱状态；三是温而不饱或者饱而不温。也正是从前温饱状态的第三种表现形式出发，复旦四辩手蒋昌建的说服论辩很是幽默。

　　对方还没有论证如果温而不饱该怎么办。减肥的女孩可谓温而不饱，那这个减肥中心不是按照对方的逻辑要变成拳击场了吗？

　　在第一场辩论中，由于复旦队紧紧抓住剑桥队在"必要条件"这一概念上陷入的逻辑困境，集中火力展开进攻，因而始终处于主动地位，结果以6∶0获胜。

有攻有防，以攻为主

高明的辩手，不仅要做到论据充分，论证深刻有力，使自己的立论站得住脚，不留漏洞给对方来钻，而且能够及时发现对方的漏洞，特别是抓住对方的要害，展开猛烈的进攻，给对方的立论以致命的打击，从而达到说服对方的目的。也就是说，在辩论中，必须既要注意防御，又要加以进攻。

如果只注重进攻，不注重防御，一则进攻会因为失去根基而削弱原有的锐气，二则会因为自己后方空虚而给对手以可乘之机。反之，如果只注重防御，不注重进攻，那就只能算得上消极的防御，用复旦大学辩论队领队兼教练俞吾金教授的话来说："这就像踢球一样，光是防守，至多对方进不了球，但球永远不可能滚进对方的球门。"因此，我们在辩论说服过程中应当攻防兼备，以攻为主。

在首届国际（华语）大专辩论赛上，第二场半决赛由中国复旦大学队对澳大利亚悉尼大学队，辩题是——艾滋病是医学问题，不是社会问题。通过抽签决定了正方悉尼队的立场为——艾滋病是医学问题，不是社会问题，反方复旦队的立场为——艾滋病是社会问题，不是医学问题。

实际上，艾滋病既是社会问题，又是医学问题，这就决定了正反双方都有一定的难度。

在这种情况下，如何构建自己的攻防机制就具有决定性的意义了。

反方复旦队首先肯定艾滋病是社会问题，而绝不单纯是医学问题；然后提出艾滋病是一个需要综合治理的社会问题，需要依靠政治、经济、道德、法律、医学、教育等多种力量来综合治理，医学仅仅是其中的一种手段。

这样立论，就把原来的辩题中对立的社会问题和医学问题巧妙地统一到一个外延更加广泛的社会问题之中，使己方的立论具有了严密的逻辑性，显得无懈可击了。

而正方悉尼队则仍然将艾滋病当作单纯的医学问题去论证，这就势必留下很大的漏洞。所以在后来的舌战中，悉尼队的进攻乏力，防御又显得捉襟见肘。

反方四辩蒋昌建在总结陈词时，一针见血地指出对方在防御上的弱点：

"第一是逻辑问题，把医学参与的活动说成是医学问题，把社会应当承担的责任推到医学上去。

"第二是理论上的问题，他们缺乏有效的判断标准，理论上不清，概念上混乱，说艾滋病是一个影响。我想请问，艾滋病是好的影响还是坏的影响？如果是坏的影响的话，难道这不是社会问题吗？

"第三个是事实上的问题，对方习惯把大事化小，小事化了，但始终没有解决为什么化来化去从 5 个患者化成了 250 万个。

"第四个是价值判断的问题，对方视艾滋病对人类社会的总体威胁而不见，认为医学所谓治标而不治本的方法不能给社会的文明带来巨大的威胁，我不知道对方是怎么展望我们的未来世纪的。今天离世界'艾滋病日'只有126天了，它的口号就是'时不我待，行动起来'，这难道是社会对医学界的一个独门偈语吗？"

这一连串的问题，犹如排炮一般，一一击中悉尼队的要害，使他们只有招架之功，而无还手之力。

这一场辩论，复旦队之所以能够战胜悉尼队，根本原因就在于复旦队辩论说服过程中能够攻防兼备，以攻为主。

在自由辩论阶段，复旦队二辩季翔曾突然向对方提出一个问题："今年世界'艾滋病日'的口号是什么？"正方当时因为毫无准备，就乱猜了个"更要加强预防"的口号；季翔马上抓住这个漏洞，加以进攻："今年的口号是'时不我待'。对方辩友连这个基本的问题都不知道，怪不得谈起艾滋病来还不紧不慢。"由此赢得了观众的掌声和笑声。

以上范例，证明了要想在辩论中取胜，必须在辩论说服对手时做到有攻有防，以攻为主。

以子之矛，攻子之盾

在说服高手如云的辩坛上，最高明的辩手不但能够做到攻防兼备，以攻为主，而且还能够将对方的论点或论据拿过来为我所用，用来证明己方的立论正确，从而摧毁对方的立论，达到最终说服对方辩手的目标。

这种说服方法能借助对方的进攻力量回击对方，对方进攻的力量越大，反击的力量也就越强，往往能使对手猝不及防，自食其果。这就好比对方向我方阵地投来一颗手榴弹，趁它还未爆炸，赶紧把它捡起来，向对方阵地扔回去，让它在对方阵地上爆炸，从而杀伤对方。

精彩的战例，当数台湾大学队与香港中文大学队关于考试制度是不是衡量个人才智的最佳途径的辩论。正方香港中文大学队一开始就用一则"灰姑娘"的童话故事作比方，形象生动地说明了考试制度是衡量个人才智的最佳途径：仙女送给灰姑娘一双玻璃鞋，让她到王宫的舞会上去跳舞，使灰姑娘有了一个表现自己美貌和才能的机会。接着指出，考试制度就像这双玻璃鞋，它提供了表现个人才智的机会。可是出乎香港中文大学队的意料，反方台湾大学队一辩王文华却接过话头，续起对方没有讲完的故事：舞会散了，灰姑娘走了，王子也离开了王宫，王子拿着这双玻璃鞋作标准，到处去寻找自己的心上人——灰姑娘。说到这里，王文华反问道：如果一个丑八怪的脚大小正合乎这双玻璃鞋的尺寸，王子岂不是要找错人了吗？

考试制度看起来客观公正，其实正像这双玻璃鞋一样很不可靠。于是本来被正方作为立论依据的童话故事，却被反方转化成了自己立论的支柱。自此，正方阵脚大乱，败局已定。

以逻辑力量增强说服力

辩论赛是以说服评委和听众为目的的，必须借助逻辑力量来增强说服力。因为逻辑力量是一种理性的力量，而理性的力量是巨大的、持久的、不可抗拒的。

归纳和概括是辩论中最重要的逻辑方法。归纳和概括从属于形式逻辑中的归纳推理，在辩论中起着最基础、最普遍的作用。

从一、二、三、四辩的分工来看，四辩负责总结陈词，归纳和概括的好坏，起着关键性的作用。又据《狮城舌战启示录》讲，在狮城舌战中，反方四辩蒋昌建在这方面有着出色的表现。在第一场比赛（辩题：温饱是谈道德的必要条件）的总结陈词中，他一开头就迅速地归纳出对方辩论中的一些基本问题：

"下面我总结对方的几个基本错误：对方犯的第一个错误是'李代桃僵'，用温饱过来代替温饱，用温饱等同于生存来构建他们的立论基础，这显然是错误的；对方犯的第二个错误是'扬汤止沸'，作为一个贫寒的人只要叫他追求温饱就可以了，从来不问用什么手段，我刚才已经说过，如果到麦当劳里面去打砸抢的话，难道就能合法地追求到温饱吗？这显然又是荒谬的；对方犯的第三个错误是'避实就虚'，对方始终强调温饱能够给谈道德提供更好的条件，但没有说不温饱的情况下绝对不能谈道德；对方犯的第四个错误是

'指鹿为马'，把谈道德与道德的效果混为一谈。对方今天的论点可谓云山雾罩，让我们一头雾水，不知所云。"

这样的概括，不仅条理清楚，而且用词形象化，生动地勾勒出对方的逻辑错误，得到了听众和评委较高的评价。

归纳和概括在自由辩论说服中也起着十分重要的作用。比如，在第一场辩论中，复旦队概括出来的核心问题是："在没有温饱的条件下能不能够、应不应该谈道德？"在第二场辩论中的核心问题是："既然医学对艾滋病无能为力，我们究竟该怎么办？"在第三场辩论中的核心问题是："既然人性本善，那么善花是如何结出恶果来的？"只有善于概括和归纳，才能抓住最根本的问题，既把自己一方的思想表达清楚，又能给对方的要害问题以决定性的打击。

针锋相对，揭其要害

在辩论说服中要善于抓住对方的要害之处，针锋相对地进行反驳。一是反驳其错误论点，用事实分析，直接证明对方论点的虚假和荒谬，二是反驳其论据，直截了当地揭穿其论据的虚伪性，论点的不正确也就随之暴露出来了；通过揭露对方论点和论据之间的逻辑关系错误，最终推翻其论点。

1995 年 5 月，香港一位记者向外交部发言人吴建民提问："听说西藏庆祝和平解放 40 周年，燃放烟火就达 10 万元人民币。请问吴先生，你觉得像西藏这样落后的地方花 10 万元人民币燃放烟火合适吗？"

吴建民答道："5 月 23 日是西藏历史上有着重要意义的日子。

"40 年来，西藏取得了巨大的进步，人民生活得到很大的改善，这是西藏历史上任何时代都无法比拟的。人民对历史上的重要节日进行庆祝是很自然的。1976 年美国庆祝独立 200 年，我曾在美国目睹美国人民的庆祝场面。他们花了多少钱，你可以去问问美国政府。1989 年巴黎庆祝法国大革命 200 周年，我在欧洲看了电视实况转播。你也可以去问问法国政府，他们花了多少钱。按你刚才的逻辑，你是不是认为美、法两国政府应该把这笔钱省下给那些在严寒中露宿街头、无家可归的流浪汉？"

　　吴建民首先提出庆祝西藏解放 40 周年的重大意义，说明"人民对历史上重大节日进行庆祝是很自然的"。然后又列举了美、法两国庆祝节日的事实，用辩证法进行类比说服，并对记者带有偏见的错误逻辑进行推理，用显然是荒谬的结论去反衬他提问的荒谬，击中要害，从而维护了民族团结，消除了提问者欲造成的不良影响。

反诘进攻，败中取胜

所谓反诘，就是从反面提出问题，用否定的疑问句来表示肯定的语气，或用肯定的疑问句来表示否定的语气。反诘进攻，是论辩说服的基本语言技巧之一，它是修辞学上的反问在论辩中的运用。反诘进攻，往往能比正面提问更有说服力，更能表达爱憎之情，更具有强烈的批判和讽刺作用。

很多时候，还可以用反诘转守为攻，造成心理上的优势和咄咄逼人的气势，置对方于被动的地位。这种方法常在己方暂时处于劣势时，用来扭转战局，如果使用得当，可以转败为胜。

儒家思想可以抵御西方歪风吗？

在1988年亚洲大专学生辩论会上，台湾大学同上海复旦大学就"儒家思想可以抵御西方歪风"的问题进行了激烈的论辩。反方（复旦大学）的一位同学讲得十分精彩，他说：

儒家思想可以抵御西方歪风吗？不能。它没有这种功能。如果对方同学不愿意正视今天严重的社会现实，那么，我们可以稍微纵观一下历史。第一，春秋时期，重欲主义的歪风盛行。面对这种重欲主义的歪风，孔子抵御了没有呢？没有。第二，我们还可以看看，儒学数千年的流变过程中有没有抵御歪风呢？没有。董仲舒的"天人相应"变成了迷信，宋明理学的"灭人欲"是何其残忍，至

218

于八股举仕更是扼杀了多少俊才啊！这些糟粕都已被从戴东原到胡适、鲁迅等诸位大师们否定过，难道能凭这一些儒学来抵御现代的西方歪风吗？显然不能。关于儒学在当代的地位问题，对方同学是不是想得太理想了。不知对方同学可知道台大历史系的黄俊杰先生有过一个著名的论断：儒学在当今的东亚社会还是一只命运未卜的凤凰，尚未涅槃，首先就要完成它对自己的约束的解脱，也就是它如果不摆脱自身旧有的道德观，它就无法在现代社会立足。请问，涅槃的思想法普度西方的芸芸众生吗？谢谢！（热烈掌声）。

上面的发言之所以在听众中产生强烈的反响，是因为他的论辩语言确实精彩。他除了运用举例说明、说理分析等一些方法外，还运用了反诘进攻法。一连的反诘进攻，具有强大的说服力量。

逻辑推导，归纳演绎

在学术辩论中，常用逻辑推理来说服辩手。严密的逻辑性是学术辩论的一大特色。常用的逻辑推理有归纳法、演绎法、类比法、归谬法等。

关于"什么是好作品"的论战，梁实秋曾说，"一切的文明都是极少数天才的创造"，"好的作品永远是少数人的专利品，大多数人永远是蠢的，永远与文学无缘"。对于这种论调，鲁迅先生反驳说："倘若说，作品愈高，知音愈少，那么，推论起来，谁也不懂的东西，就是世界上的绝作了。"

梁实秋认为，文学作品是少数人的专利品，大多数人永远是蠢的，这种观点显然是错误的。鲁迅运用归谬法进行反驳说服，由"作品愈高，知音愈少"推出"谁也不懂的东西，就是世界上的绝作了"的荒谬结论。使对方的观点不攻自破。

如果你是一个律师，你的当事人是一个有很多案底的惯偷，并且警察当场在他身上搜出了失主的钱包，然而他声称自己的钱包也是这样的，所以他是误拿。你会怎么帮你的当事人辩护呢？是不是很难？

然而张庆却为他的当事人成功进行了无罪辩护！他是这样对陪审团说的：

"在我小的时候，有天看到自己的狗，叼着邻居家的兔子进来，而兔子已经死了。于是我马上意识到，自己的狗咬死了那只兔子。为了保护我的狗，决定隐瞒下来。所以我把兔子洗干净、毛吹干，放回了邻居家的兔笼，我想这样就没人知道了。

"可第二天，邻居来我们家说了件趣事，他们说，自己的兔子3天前就死了，他们把它埋到树林里，可不知哪个神经病，把兔子挖出来、洗干净又放回了笼子。这时候我才知道，是自己错怪了我的狗。

"表面看来最符合逻辑的，最后却不是真相。这起案件，表面看来是我的当事人偷了钱包无疑，但或许他真的是误拿呢？我们所有人都无法百分之百地确定他不是误拿。而这，就是我们所说的合理质疑。"

我们经常羡慕某些人说话很有条理，逻辑清晰，很容易与别人沟通交流，逻辑大致可以理解为对具体事物规律的抽象总结。人类大脑进化出逻辑推理功能，一个主流的理论是原始人类在追捕猎物过程中需要根据猎物足迹、习性和环境的各种规律分析出猎物所在位置。

因此逻辑性要强，抽象思维就要强。宏观地来说，一个人表达的逻辑性和受教育程度有很大关系。受教育程度越高，接触到的知识越趋于抽象，对于逻辑和复杂概念的把握能力越强，说话表达的逻辑性就会越强。

反唇相讥，以牙还牙

所谓反唇相讥，就是趁势反过来，抓住对方相同、相近、相类或相反的弱点或问题用恰当的话语来嘲讽或戏谑对方，从而达到说服的目的。反讥话语的恰当表现为：格调高雅，语言文明，不能演变成相互谩骂和人身攻击；精练有力，一语制人，让对方心服口服地接受理智和理性的熏陶，得到思想境界的净化与升华。

运用反唇相讥的说服策略，要求思维敏捷，判断准确，反应迅速。具体地说，在对对方用心善恶的判断上，在对对方言外之意的领悟上，在对对方表达技巧的辨识上，在反讥方式的选择、话语的组织、词语的选用上，都必须在极其短暂的时间内完成，瞠目结舌甚至迟疑笨拙，都意味着良机顿失、说服失败。

在巴黎举办的一次联合国大会上，菲律宾著名外交家罗慕洛，同苏联代表团团长维辛斯基发生了激辩。由于罗慕洛在发言中讥刺维辛斯基的建议是"开玩笑"，于是惹恼了维辛斯基，他非常轻蔑地对罗慕洛说你不过是个小国家的小矮人罢了。

罗慕洛的确是个矮个子，穿起鞋来也只有 1.63 米。但正是这个矮个子，做出了许多高个子都无可企及因而更具有轰动效应的事情。所以他从不因矮而自卑，而"愿生生世世为矮人"。一旦他的国格、人格受到污辱，就同苏联外长针尖对麦芒了。

等维辛斯基把话讲完，他就跳起来告诉联大代表说："维辛斯基对我的形容是正确的。"接着话锋一转："此时此地，把真理之石向狂妄的巨人眉心掷去——使他的行为检点些，是矮子的责任！"

在庄重的国际会议上，利用别人的生理条件构成的缺陷进行人身攻击，是十分不明智的，既无理，又失礼。因此，罗慕洛必须予以反击，他从相反的生理条件、性格特征和自身责任等角度立论反唇相讥，要"把真理之石向狂妄的巨人眉心掷去——使他的行为检点些"，打击了维辛斯基的嚣张气焰，义正词严，有理有节。

偷换概念，出奇制胜

　　这世界上有两种事情最难，第一种是把别人的钱放进自己的口袋，第二种是把自己的思想放进别人的脑袋。说服就是通过语言把自己的思想放进别人的脑袋里。那么怎么说服呢？自然要讲套路的。

　　在楚汉争霸时期，刘邦在彭城一战中战败，逃回荥阳，并在荥阳东南的京县、索亭一带打败楚军。自刘邦彭城败退后，形势大变，各王纷纷反汉降楚。此时刘邦拜韩信为左丞相举兵伐魏。当韩信探知上流夏阳地方魏兵甚少，守备空虚时，便决定采取"偷梁换柱"之计，在正面迷惑对方，从侧面突然袭击，一面佯装增派兵力，集中船只，摆出要由临晋关强渡黄河之势，而暗中却调动大军，于一天夜晚用木料和瓦罃制成口小腹大的渡河工具，出其不意地从夏阳渡过黄河。西魏王豹得探卒一日三报，都说韩信在西岸临晋关集中兵力，赶办船只。西魏王豹自以为部署周密，于是将主力几乎铺满东岸一带，封锁了河关，汉军不要说渡河，连靠近河边也有困难。西魏王豹很是得意。这天黄昏时分，扼守蒲坂一带的魏军，突然听到对岸汉兵陈船呐喊，以为韩信要率兵强渡，便立即加强防守，准备迎击。魏军哪里料到，韩信这时已到夏阳渡河，突袭魏军后方安邑。安邑已失的消息让西魏王豹大惊，急忙从黄河岸边抽军回击，又自率亲兵出都，堵截汉军。途中正遇汉军杀来，于是摆弄兵马，与之交战。在双方交战时，西魏王豹根本不是韩信的对手，刚一交锋，即大败而逃。汉军全力追赶，将魏豹围住，魏豹冒死冲突，总不得出，只好下马伏地，束手就擒。

　　韩信用偷梁换柱的方法打败了西魏王豹。偷梁换柱是指用偷换的办法，暗中改换事物的本质和内容，以达蒙混欺骗的目的。我们在说服时，同样也可以通过瞒天过海、偷换概念等欲盖弥彰的方法达到说服的目的，要把说话当成艺术。

第八章

说服，成功推销的第一要诀

推销的过程实质上就是说服顾客的过程。推销说白了就是用你的"三寸不烂之舌"打动客户来买自己的产品。要达到这个目的，就要把话说到客户的心里去。当然任何一位优秀的推销员都不是天生的一副好口才，真正的推销高手要从实际的推销过程中磨炼出来。

学会说话是成功推销的基础

推销就是要说服对方，让对方接受自己，如何才能让对方接受自己呢？你必须运用说服的艺术打动对方的心。

推销是面谈交易，整个推销活动中，从接受顾客到解除疑虑，直至最后成交，都离不开说服口才。俗话说："良言一句三冬暖，恶语伤人六月寒。"可见，会不会谈话是有不同结果的。

当你说话时，你发送出两个信息：第一个是你说出的内容，第二个是你说的方式。一句内容精妙的句子可以用刺耳的声音说出，也可以用缺乏热情的呵欠，心不在焉的、嘟嘟囔囔的、犹犹豫豫的声音表达，但这都是不可取的。

著名的专业推销员波顿在强调引人入胜的说话方式时，列举了五条说话原则：

第一是清楚地说话，精确地、清楚地发出每一个音节。

为了清晰起见，应该保持平均每分钟150个词的语速。不要因为句尾缀接的不必要的语气词，而影响了一个良好、清楚的表达。

第二是以交谈的方式谈话。

一个好的说话者会让你对自己说：这个人不是一位道貌岸然的人，也不是一位煽动家，相反，他是个招人喜欢、对人平等而且可以信赖的人。

第三是诚挚地谈话。

每一个成功的说服者的声音中都有一种"火警"的特质，它蕴含的强烈诚挚会刺痛你的脊椎。在电台广播中，播音员的声音是否具备这种特质十分关键。比如，正是这种特质，和其他因素一起，使温斯顿·丘吉尔在大不列颠广播电台的"最美妙时刻"的节目得到了广大听众的信任。

第四是热烈地谈话。

为了激活你的声音，你要改变说话的语速，变化音高或调整音量。富兰克林·罗斯福的演讲好像是一辆观光巴士：在不重要的地方加速，然后在经过风景名胜的地方放慢速度。

第五是避免"词语胡须"。

不要因为"嗯……"或紧张的干咳而使自己的表达大为逊色。摒弃所有矫揉造作的个人风格或手势，这些只会转移对你说话内容的注意力。

一个成功的推销员在推销中是极其注重说服口才的，是否拥有"巧舌"，决定着推销的成败。成功的推销员在运用以上五种说话原则时，总是恰当得体的。一个优秀的推销员，对于新人，不讲旧话；对于旧人，不言新语；对于浅薄之人，不讲深意；对于深刻之人，不谈俗论；对于俗人，不讲雅事；对于雅人，不说俗情。他们所说的话，都不是自己要说的话，而是对方要说的话。说话的目的，不在炫耀自己的长处，而在鼓动对方的热情。

首先，如何称呼顾客就大有学问。称呼要恰当，使对方有亲切感。称呼顾客随便一些还是郑重一些，要根据推销场合的不同而有所区别。如果是在办公室谈生意，称呼对方"张局长""李经理"就显得比较严肃正式，而若是到顾客家中做访问，则可根据对方的年龄、性别等称呼对方"大哥""阿姨"等，一下子就拉近了双方的距离。反之，如果不顾具体情况，在办公室也口口声声亲热地"大哥""大叔"叫个不停，恐怕就要让人怀疑你的智商了。

推销员在进行推销访问时，要能够顺理成章地将谈话切入正题就需要讲好第一句话。好的开场白能营造出轻松自然的气氛，能使推销员尽可能多地了解顾客，从而有针对性地展开说服。而不太高明的开场白则可能一下子引起客户的反感和抵触。

例如，空调的推销员可以这么说："北京的夏天可真是越来越让人难以忍受。看来全球气温正在升高一说不假……"然后再察言观色，抓住时机表明来意。相反，如果一见面，劈头就是"先生，我是来推销空调的……"，就显得过于生硬、直白。

会说话的推销员会使顾客感到他是善解人意、体贴周到的。如果顾客的皮肤黑，就说"肤色较暗"；如果顾客个子矮，就说"身体小巧"；如果对方腿有残疾，就说"腿脚不便"；当着孕妇的面，要说"要当妈妈了"；遇到丧事，则说"去世了""不在了"等习惯用语。这就将顾客比较敏感的问题用婉转的说法表达出来，不至于伤害顾客的自尊心，或引起对方不快。

如果不懂得人情世故，讲话无所忌讳，就会自讨没趣。据说，有一位日用化工厂的推销员，他看了影片《人到中年》后，考虑到中年知识分子应当受到爱护和照顾，便领了任务，到一个研究所里去推销染发、防皱的美容美发品。遗憾的是他并没获得成功，其原因就是他的言语引起人们的反感。他是这样说的："在座的有不少知识分子。人到中年嘛，如俗话所说，'人过四十天过午'，头上的白发一天比一天多，脸上的皱纹一天比一天粗重，正一步步向老年迈进。今天我给大家送来了几种美容美发品，虽无返老还童之力，但总可帮助大家遮遮丑……"

顾客越听心里越不是滋味，讪笑着站起来说："算了吧！人越老学问越多，也许越懂礼貌，我们还是听任白发和皱纹自然地增添吧！"说完，客气地将他请了出去。

可见，不会说话，不但得罪了顾客，也丢了赚钱的机会。

说服口才出色的推销员会区别顾客的不同情况，有针对性地运用不同的讲解语言。

事实上，不同顾客具有不同的个性和不同的购买动机，推销员的语言就要随时调整，或通俗易懂，或精辟深入，体现出不同的侧重点。那种不分对象、千篇一律的套话，容易引起顾客的厌烦和反感。

就谈吐来看，推销人员通常要做到：保持语言的准确性，不要使用含糊不清的措辞；注意语言的规范化；使用礼貌语言，讲究语言美，不讲粗野语言。

说话是一种内在修养的表现，也反映着一个人的整体素质。学会说话实际上就是要提高自己的整体素质，提高自己的内在修养。但是俗话说：茶壶里煮饺子，肚里有倒不出。就是说，有些人虽然内在修养很好，但是不会说话，表达不出，就会影响他的发展，就会失去推销自己的机会。所以，在提高内在修养的基础上，与人交谈的功夫需要历练。多练习就会练出一副铁嘴铜牙，面对各种人都会说服自如。

寻找共同的话题

你去拜访一位陌生客户，假如给你开门的是一位 40 多岁的中年妇女，一看便知她整日不停地为家庭、孩子操心，这时你可对她或她的孩子表示适当的关怀，并以此为契机加以说服。

"您可真够忙的！有您这样的人持家，家人一定十分幸福！"

"您在为孩子忙碌吧？有您这样的妈妈，您的孩子一定有出息！"

"我知道您先生是一位事业有成、非常具有影响力的优秀人士。我由此明白了一句话：'每一个成功的男人背后都有一个伟大的女人。'您的贤惠勤俭持家是他事业成功的基础，我代表所有的男同胞向您致敬。"

每个人都需要关怀。关怀的话语使人温暖，即使你谈话的对象忙碌了一天家务，几句适当的关怀的话语也可以使对方忘记疲劳，感到自己没有白辛苦，更重要的是，对方会觉得你能体谅别人，从而愿意与你进一步交谈。

要的是"一言制胜"的效果

其实所有的推销员都有良好的口才，但能打动客户的好推销员却并不是很多。原因就是所有的推销员说同样的话，所以要想获得成功就必须与众不同，有更出色的说服口才。

高尔基的名著《在人间》里有两个店铺推销圣像的情节：一家店铺的小学徒没有什么经验，只是向人们说："……各种都有，请随便看看。圣像价钱贵贱都有，货色地道，颜色多样，要定做也可以，各种圣人圣母都可以画……"尽管这个小学徒喊得声嘶力竭，可仍很少有人问津。

另一家店铺的广告则不同："我们的买卖不比卖羊皮靴子，我们是替上帝当差，这比金银还宝贵，当然是没有任何价钱的……"结果，许多人都情不自禁地被吸引了过来。

同是推销圣像，为什么效果不同呢？原因就在于前者用语冗长，平淡刻板，而后者则针对基督徒的心理，将自己说成是"为上帝当差"的，用心独到，言简意赅。

说服口才出色的推销员还善于安排讲解的顺序。科学合理、起伏有致的讲解不但表明你言语的逻辑，而且还反映出你头脑的清晰。蹩脚的讲解让人不得要领，产生凌乱的印象。

比如，一个优秀的推销员会这样对他的顾客讲解他要推销的酱

油瓶:

"我们打开它的盖子,有个舌状的倒出口,出口上刻有7厘米的槽沟,可以防止瓶内液体外漏;而注入口可倒入多种液体:油、酱油、醋等。

"这个瓶有着光洁的圆锥形外表、圆顶状的盖子,摸起来舒服,看起来别致。

"它的最大优点是,倒完瓶内酱油后,瓶口不会有残余液体,非常卫生。本厂曾选择100个用户进行实验,经过1年的试用,反映甚佳。

"据我们所知,目前在市场上尚未有同类产品。相信我们的前景相当可观,定能给您带来很大效益。"

这样安排讲解的顺序,层次分明,条理清楚,有理有据,逻辑性强,足见推销员的说服功力。

推销员要想在面谈中诱发顾客的购买欲望,也要发挥说服力的作用。

一位电子产品推销员在推销产品时,与顾客进行了这样一番对话:

推销员:"您孩子快上中学了吧?"

顾客愣了一下:"对呀!"

推销员:"中学是最需要开启智力的时候,我这儿有一些游戏软盘,对您孩子的智力提高一定有益。"

顾客:"我们不需要什么游戏软盘,都快上中学了,谁还让他玩这些破玩意儿。"

　　推销员："我的这个游戏卡是专门为中学生设计的，它是数学、英语结合在一块儿的智力游戏，绝不是一般的游戏卡。"

　　顾客开始犹豫。

　　推销员接着说："现在是知识爆炸的时代，不再像我们以前那样一味从书本上学知识了。现代的知识是要通过现代的方式学的。您不要以为游戏卡是害孩子的，游戏卡现在已经成了孩子的重要学习工具了。"

　　接着，推销员从包里取出一张磁卡递给顾客，说："这就是新式的游戏卡。来，咱们试着操作一下。"

　　果然，顾客被吸引住了。

　　推销员趁热打铁："现在的孩子真幸福，一生下来就处在一个良好的环境中，家长们为了孩子的全面发展往往在所不惜。我去过的好几家都买了这种游戏卡，家长们都很高兴能有这样有助于孩子的产品，还希望以后有更多的系列产品呢。"

　　顾客已明显地动了购买心。

　　推销员："这种游戏卡是给孩子的最佳礼物！孩子一定会高兴的！"

　　结果是，顾客心甘情愿地购买了几张游戏软盘。

　　在这里，推销员巧妙地运用了说服口才的艺术，一步一步，循循善诱，激发了顾客的购买欲望，使其产生了拥有这种商品的感情冲动，促使并引导顾客采取了购买行动。

　　的确，妙语一句可以引得财源滚滚，也可以解陷身之困。对于推销员来说，良好的口才是说服顾客的利器，是赚钱的根本，是把握主动权的保证。

销售成功之路铺满荆棘，每一个环节，每一个细微之处都要考虑周到，既要善于思维，更须长于思辨。作为君王，可以"一言兴邦"或者"一言丧国"；而作为推销员，在推销洽谈中也可以"一言而胜"或者"一言而败"。所谓一言而胜，就是说这一言，说到了对方的心上，打动了对方，实现了自己的目的。所谓一言而败，就是说你的话没有说到人家的心上，人家不爱听，你就算白说了。

会不会说话，有没有说服力关键就是看你说出来的话，是不是对方喜欢听的话，需要听的话。而要做到这一点就需要你掌握一定的心理学知识，加上细致的观察和不断的体会，才能达到说服顾客的目的。

有礼貌有自信的面谈很重要

要推销自己，难免要与他人面谈。当你说话时，应该意识到，自己的责任不只是把心中想的表达清楚就行了，而且要考虑怎样谈才能使对方感兴趣，怎样使对方信服。为此，必须根据对方的各种反馈来调整自己说服的方式和内容。

初次会谈，肯定要做一番自我介绍，这就需要适度。有人喜欢先做一番自我贬低式的介绍，以示谦虚和恭敬，其实大可不必。因为人家招聘的，是有才干、有能力的人。你既然什么都不行，也就不屑一谈了。当然，也要避免一开始就炫耀自己的博学多才，这样会显得锋芒毕露，令人生畏，还会给人以夸夸其谈、华而不实的感觉。只有实事求是、恰如其分地介绍自己，才能给人以诚实、坦率的第一印象。比如你想到外资企业当秘书，最好用外语来与人交谈，介绍自己，这样既显示了你的口语水平，又显得活泼、快乐、灵活，可以给人以良好的印象。

有些人开始往往会显得胆怯和紧张，说话吞吞吐吐，给人以窝窝囊囊的感觉，这是很糟糕的。因此，说话要有信心，大胆去讲，即使讲错了也比吞吞吐吐强，对于知识性的问题，不要怕说不知道，不懂装懂反而给人以不好的印象。自信是成功地推销自己的第一秘诀，你的一言一行都要给人以可信的感觉。你如果想应聘涉外秘书的职位，就要让招聘者相信你有能力担当此职，并且会越干越好。要让别人相信你，你首先得充满自信。你的态度全部反映在你的举手投足之间。推销自己与可信程度之间的关系远超过任何你要推销的其他东西。你必须使对方深信你是个可靠的人，才能将自己推销出去。

据心理学家研究证实，一个人谈话时适当点缀些与自身利益相反的内容，会大大增加可信度。为了增加可信度，事先必须要做点准备。求职时，应尽可能地把你成功的事例或专长呈现出来。如你曾搞过什么发明，可呈上发明证书；如你曾获得过某项科研奖，可送上获奖材料；如你曾帮助某企业创造了一项新产品，拿出产品照片或实物，以及文字介绍即可。当然，对于一个应聘涉外秘书者来说，最重要的还是你的外语水平。你说上几句流利、地道的外语，便可让人相信你的外语水平。

推销自己的谈话不是演说。在谈话过程中不能像演讲者似的只顾自己发言，而是要特别注意与对方的对话，要善于从对方的提问与谈话中窥测其兴趣爱好，自觉而敏锐地观察对方的反应。如果你只顾喋喋不休地把自己的话讲完，而不顾对方在想什么和讲什么，以及对你的话是否感兴趣，那么就难以谈得融洽。成功的交谈，应该是相互应答的过程。你必须保证自己的每一句话都是对方上一句话的继续，并能在自己的谈话中适当利用和重复对方的内容，达到彼此间的真正沟通。

听是谈话的一个重要组成部分。听的艺术也直接影响着谈话的水平。对方谈话或提出问题时，不仅要用心理解，还需要积极地做出各种反应。这不只是一个礼貌问题，而且也是活跃谈话气氛，使之最终走向成功所必需的。对方说话时，你要不时地发出表示听懂或赞同的声音，或有意地重复某句你认为很重要、有意思的话，这样对方心理上会觉得你听得很专心，对他的话很重视。

如果对方说的是你不感兴趣的话，出于尊重他人，你不能表现出不耐烦的神色，更不能粗暴地打断对方的谈话，而是要耐心地倾听、虚心地请教。你不必"人在屋檐下，不得不低头"，但仍要有礼貌地专心听对方讲完。

说话能够显示自己的知识修养，表现自己的自信与成熟，听话能够显示自己对别人的尊重，显得自己有礼貌，懂得人情世故。一个人能够做到这些，就一定会受到人们的普遍欢迎。

推销说服过程要注意"四性"

推销不仅是推销商品，更是要推销自己，增加回头客，开发潜在的顾客群。在说服顾客时要有一定的原则才能达到上述目的。

说服的目的是推销自己，或者推销自己的商品，这就决定了推销过程中要遵行以下几个原则：

（一）说服要有针对性

针对性是指推销人员针对推销环境、推销对象及推销产品，运用一定的推销面谈方式、策略和技巧，促使推销对象采取购买行动以达到自己的推销目的。因此，推销人员应做到：

1.针对顾客的需求，推销产品的使用价值

没有需求，则没有购买。顾客有时认识到了自己的需求，有时则需要在推销人员的帮助下才能正确认识到自己的需求。这就要求推销人员能了解顾客的需求，并针对顾客的需求、针对推销产品的使用价值，有的放矢地采取相应的措施，抓住顾客的心理，进行推销。产品的使用价值是顾客购买的主要动机和目的，人们购买产品是为了拥有与享受其使用价值。例如，化妆品的购买者，是为了满足其美丽的需要。对推销化妆品的推销人员来说，他推销的是"美丽"，只有针对顾客的求美心理展开推销，才有说服力。

2.针对产品的特点，推销产品的差异优势

因生产者和经营者不同，同类产品之间存在着差别，各有特色。顾客在这些特色中进行比较、选择。推销人员在推销时，应强调其产品的差别优势和特色，以吸引、诱导顾客购买。同类产品的差别是多方面的，既有产品的功能、质量、外观、包装、品牌、服务等差别，也有顾客认识和理解上的差别。推销产品的优势差别，不能仅限于产品自身，还应考虑顾客对差异的认识和理解。

3.针对顾客的个性心理，推销产品给顾客带来的利益

顾客的个性心理是指顾客带有倾向性的、本质的、比较稳定的心理活动特点的总和。顾客的个性心理各异，同类产品各有长短，推销人员必须针对不同个性心理的顾客，强调产品能给顾客带来的综合利益。综合利益的内容较多，概括起来有：使用的基本利益，体现在产品的功能和质量上；使用的经济利益，体现在产品的价格上；使用的美的利益，体现在产品的形象和外观上；使用的方便利益，体现在产品的服务上。给顾客带来的综合利益最大的产品，才是顾客所期望的产品。

（二）说服要有诚实性

诚实性是指推销人员在推销说服过程中切实对顾客负责，真诚地与顾客进行面谈，不玩弄骗术。诚实是推销人员最起码的行为准则，唯有诚实方能取信于顾客，并赢得顾客。只有坚持诚实性原则，才能谈得上文明推销和合法推销。诚实意味着推销人员要做到:

1.讲真话

讲真话就是要真实地向顾客传递推销信息，以取得顾客的信

任。例如，产品的特点、产品的标准、产品的主要成分及其含量、产品的价格及产品的售后服务等，都应真实而详细地介绍，以利于顾客作出购买决策。

2. 卖真货

卖真货是树立良好推销信誉的必要条件，推销信誉是推销的法宝。以假充真，以次充好，只会害人害己。推销人员应以诚相待，争取顾客的长期合作与支持。

3. 出实证

实证包括推销人员的身份证明和推销产品的证明。真话真货要靠真凭实据来证明。推销人员必须向顾客证实自己的真实身份，证明自己是真实的、合法的推销人员，打消顾客对推销人员的疑虑。推销人员必须拿出与推销产品有关的证明，包括生产证明、鉴定证明、检验证明、价格证明、获奖证明等，以增强推销面谈的说服力和信任感。

（三）说服要具有鼓动性

鼓动性是指推销人员在推销说服过程中用自己的信心、热情和知识去激发顾客的购买情绪，促使顾客采取购买行动。推销面谈的成功与否关键在于推销人员能否有效地说服和鼓动顾客。

推销人员应做以下几个方面的努力：

1. 以自己的信心和热情去鼓舞和感染顾客

顾客的情绪往往受推销人员情绪的影响，推销人员应以极大的热情去感染顾客。推销人员的热情来自对本职工作的热爱、对顾客和对推销产品的信心。推销人员应坚信自己的推销工作有益于社会、有益于顾客，相信所推销的产品能满足顾客的需要。让发自内心的推销热情来鼓舞和感染顾客，激发顾客的购买热情。

2. 以自己丰富的知识去说服顾客

推销面谈是以丰富的推销知识为基础的，离开了推销知识，推销信心和推销热情不过是一句空话。一般来说，推销人员的知识面越宽，推销经验越丰富，说服顾客的能力就越强。推销知识就是推销力量，它能说服和鼓动顾客购买。

3. 以鼓动性的语言去打动顾客

在推销面谈中，推销人员既要用逻辑性语言准确地传递理性信息，还要用情感性语言形象地传递非理性信息。非理性的情感因素对顾客的购买决策有着极其重要的影响，而鼓动性语言带有强烈的情感色彩，对顾客具有更大的感染力和鼓动力，也就更易说服顾客了。

（四）要注意说服过程中的双方参与性

参与性是指推销人员应设法引导顾客积极参与推销面谈。顾客参与面谈的程度对顾客购买决策有着直接的影响。顾客的积极参与可促进推销的双向沟通，增强面谈的说服力。推销人员应努力做到:

1. 鼓励顾客参与

推销人员应尽量和顾客打成一片，加深对顾客的了解，去寻找与顾客相同或相似的因素，使顾客产生认同感，消除顾客的戒备心理，创造良好的推销气氛，提高面谈的效率。推销人员应尽量让顾客亲自操作推销产品。俗话说"百闻不如一见，观看不如实践"。让顾客自己动手操作推销产品，将有助于顾客了解推销产品的功能、特点，熟悉推销产品的使用方法。让顾客自己动手操作推销产品，还有利于加深顾客的印象，诱发顾客的购买动机。

2.认真听取顾客的意见

既然要顾客参与推销面谈，那推销人员就应认真听取顾客的意见。这是尊重顾客的要求，有利于取得顾客信任。同时，还可以得知顾客理解和接收推销信息的程度，收到反馈信息，以利于进一步说服顾客。

3.掌握面谈的主动性

推销人员既要坚持顾客的参与性，又要注意掌握面谈的主动性，以保证推销面谈不致因顾客的参与而改变方向。在控制推销面谈局势和发展进程的条件下，充分调动顾客的积极性，引导顾客积极参与。

总之，说服顾客是整个推销活动的关键，把握好这一步，你就能把自己或者商品推销出去了。

面谈提问的六种方法

为了了解顾客，更容易地说服顾客，推销人员必须或多或少地向顾客提问。在推销面谈中，提问是一种非常有用的面谈方式，它可以引起顾客的注意；获得自己所需要的有关信息；引起顾客思考，赢得时间；向顾客传送自己的感受，或传送给顾客有关的信息；使双方所谈话题趋向预期目的。

推销人员不应作强势推销，而应以一种自然而然的方式激起顾客的购买欲望。这种方式就是提问。

推销人员在面谈时常用的提问方法有：

（一）主导式提问

把你的主导思想说出来，在说话的末尾用提问的方式把你引导成交的意图传递给顾客。例如：

"目前节约用电是一个非常重要的问题，不是吗？"

"现在很多先进的公司都使用计算机了，不是吗？"

这些都是把你的观点放在一句话前面的主导式提问。如果你说的话符合事实而又与顾客的看法一致，他当然会同意并且说"是"。只要运用得当，你会引导顾客说出一连串的"是"，直到成交。可以说，推销工作是一门正确提问的艺术。要牢记：要等到顾客表现出购买的主观愿望时你才能提出引导性的问题。如果他们没有表现出主观兴趣你就喋喋不休地提出一大堆问题引导他们购买，结果会适得其反。

　　举例说，一位推销员推销的产品是办公室复印机，他和某公司办公室主任约定会谈。

　　他想卖给这家公司的是一台"佳能"牌复印机。"佳能"的性能的确很好，不仅复印速度很快，而且分页装订也快。推销员认定这家公司一定会买一台。因此，他把复印机打好包装，捆在一台带脚轮的轻便小车上，而且还准备好一本精美的介绍材料。总之，他信心十足，以为万无一失。

　　会谈一开始，推销员就说："您想要一台复印精确逼真的复印机，是吗？您喜欢一台能同时完成分页和装订的复印机，对吗？"办公室主任摇着头说，"不，我们从来不在自己的办公室里装订任何东西。马路对面有一家设备完善的印刷厂，所有这些分页、装订的事情他们都包下来了。我们只要一台结构小巧，不出故障的高质量复印机就行了。"

　　瞧，推销员把自己弄得多尴尬！

　　他不是问对方想要什么，而是告诉对方该要什么。他没有等顾客表达出购买意图就一头钻到死胡同里去了。内行的推销员要善于抓住买主的主观意图，而不是把自己的主观愿望强加于对方。

　　不管他多么想把一台"佳能"带进这家公司，他的推销失败了。

　　（二）征询式提问

　　以征求意见或请教的方式提出问题进行引导能给人较为亲切的

感觉。这种提问方式与前面那一种方式恰好相反。比如，前面举过一个主导式提问的例子："现在很多先进的公司都使用计算机了，不是吗？"征询式的提问则是："现在很多先进的公司都使用计算机了吧？"这种提问方式更为灵活，并且更让人感到亲切。

要做到非常熟练自然地向顾客提问需要反复练习。不要把这看得太简单。因为这是一种语言习惯，在不知不觉中影响着顾客的心理。你要在激烈的推销竞技场中站稳脚跟，就必须认真从基本功练起，即反复地、大声地背诵一些问句，训练自己在不同场合做出迅速的反应，才能掌握高水平的语言技巧，得心应手。

（三）暗示式提问

暗示式提问特别适于应付竞争情况的提问。推销人员如果直接对竞争对手的产品进行攻击，往往会失去顾客。而若能以暗示性提问来应付竞争，可能会收到比较好的效果。暗示性提问就是把露骨的攻击加以隐蔽，借以提问的方式做出结论。例如，某顾客已经购买了某品牌的手纸，若推销人员直接指出顾客判断错误，才会购买这种手纸，必定使顾客对你筑起鸿沟，不愿采纳你的意见。你若如此提问：

"××先生，您是否想节省每天所浪费的经费？"

通常，顾客同意节省不必要的开销。

"您是否在洗手间看到过您的客人拿着两三张手纸甚至五张手纸在擦手？"

"是的，看到过。"

这位推销人员本来就知道该饭店发生了这种现象，但又问："您看得出我的纸巾与其他品牌有何不同吗？"

"看不出，两者一样。"

"用我的纸巾擦手，一次只需要一张就够了。我给您演示一下？"

"好！"

从以上的对话中可知，推销人员并没有直接攻击竞争对手的产品质量，而凭借提问来开拓自己的市场。

（四）含蓄式提问

把引导顾客成交的意图隐藏在你的提问中，含而不露。在这种提问中常常带有与时间有关的因素：

"此刻我们已经解决了那个问题，您是否打算……？"

"下星期当您提货时，您的妻子不是会很高兴吗？"

"当您……？"

"因为您打算把您的……使用更长的时间，要是能用……方法是否会更好一些？"

以上是比较含蓄的引导提问法。

（五）限定式提问

在一个问题中提示两个可供选择的答案，两个答案都是肯定的。

在推销工作中常常要和顾客约会。怎样才能订下约会呢？有经验的推销员从来不会问顾客"我可以在今天下午来见您吗"这样的话，顾客会说："不行，我今天的日程实在太紧了，等我有空的时候再给你打电话约定时间吧。"

精明的推销员在提问时给顾客提供两种答案供选择："王经理，

今天下午我正好要经过你们公司，您看我是在 2 点钟左右来见您还是 3 点钟来？""3 点钟来比较好。"当他说这话时，你们的约定就成了。成功的原因是你提示了两个让他做出肯定答复的问题，而没有给他机会说"不"。

假设你推销喷气式客机，如果你问："您打算付我多少定金？"那先生可能递给你一张 10 元钞票，说："好吧，我只带了 10 块钱，这架飞机我定下了。"这能行吗？你必须根据公司有关的规定策略地问："先生，我们现在谈的是一笔重大的交易，您愿意付给我们 5% 还是 10% 的定金？"他会怎样回答你的问题呢？一定是"5%"。

（六）立即应答式提问

每当顾客对你的产品表示了某种有利的主观见解时，你要立即应答，把他的见解肯定下来，一步步地促使他下决心。这种应答的形式多半是简短的问句和反问句。

例如：

顾客："质量是很重要的。"

你："难道不是吗？"

推销时机往往来得很快，但也变化多端，我们应该迅速地做出对成交有利的反应。以下又是一个例子：

顾客："我喜欢绿色的。"

你："可不是吗？绿色是很动人的颜色。我们备有三种不同色调的绿色时装，您喜欢哪一种？巴黎绿、爱尔兰绿或新西兰绿？"

顾客："我看看巴黎绿的衣服吧，我觉得这种颜色最高雅。"

你："可不是嘛！"

就这样亦步亦趋利用应答式短问句表示赞同，促使你的顾客下决心购买你的货物。

在和那些想在会谈中占支配地位的大主顾谈买卖时，这种应答式的提问技巧特别起作用。顾客的看法如果不利于成交，你可以不作声，不要贸然应答。只有在非常必要时你能才去纠正某些错误的信息。你应集中精力引导主顾做出积极的决定。

主顾："你这种型号的机器看上去像个方盒子。"

你（对这种贬义的看法避免立即应答）："您看到的是我们的一般产品，先生。请到这边来，我想听听您对我们这种新出的屏障式切断机的意见。"

主顾："我认为这才是新的式样。"

你："我没说错吧？请告诉我，您觉得它怎么样？"

主顾："看上去它很轻便，而且工作速度不会慢。"

你："难道不是吗？您想它操作起来会怎么样？"

主顾："噢，我不知道，但我愿意试试。"

往下谈要看你是否掌握了他的情绪以及你的示范工作做得如何。在上述对话中你已经用应答式的短句让顾客一连三次表示了尚未肯定的"是"。那么，你得到最后肯定的"是"就有把握得多了。

要使提问取得良好的效果，推销人员应注意：提问的时机要适宜。提问时，应注意顾客的情绪，在顾客适宜答复时提问。提问的速度要适当。注意用正常速度提问，太快似乎有审讯感，太慢令人感到沉闷。提问的内容要有针对性，避免因禁忌问题而冒犯顾客。提问的先后次序要有逻辑性。

有时沉默才是最棒的说服术

　　美国大发明家爱迪生发明了自动发报机之后，想卖掉这项发明及制造技术然后建造一个实验室。因为不熟悉市场行情，不知道能卖多少钱，爱迪生便与夫人米娜商量。米娜也不知道这项技术究竟能值多少钱，她一咬牙，发狠心地说："要2万美元吧，你想想看，一个实验室建造下来，至少要2万美元。"爱迪生笑道："2万美元，太多了吧？"米娜见爱迪生一副犹豫不决的样子，说："我看能行，要不然，你卖时先套套商人的口气，让他先开价，再说。"

　　当时，爱迪生已经是一位小有名气的发明家了。美国一位商人听说这件事情后，愿意买爱迪生的自动发报机制造技术。在商谈时，这位商人问到价钱。因为爱迪生一直认为要2万美元太高了，不好意思开口，于是只好沉默不语。

　　这位商人几次追问，爱迪生始终不好意思说出口，正好他的爱人米娜上班没有回来，爱迪生甚至想等到米娜回来再说。最后商人终于耐不住了，说："那我先开个价吧，10万美元，怎么样？"

　　这个价格非常出乎爱迪生的意料，爱迪生大喜过望，当场不假思索地和商人拍板成交。后来，爱迪生对他妻子米娜开玩笑说："没想到晚说了一会儿就赚了8万美元。"

　　是啊，人们总是不愿意在说服别人的时候保持一定沉默，不愿意让对方把要说的内容说完。事实上在人生的很多关口，譬如在面对一个自我赞扬的环境，面对一个据理力争的争论，面对一个强词夺理的上司等情况下，沉默虽然不会创造爱迪生的 8 万美元，但它同样会让你看到刹那间的前程和退路，沉默可以给对方和自己都留余地，沉默甚至可以挽救我们。

沉默就是力量，在某些时候，沉默比什么说服技巧都有效。

说服别人时如何运用激将法

面对一个做事拖拖拉拉、犹犹豫豫难以下决定的人，推销女神柴田和子用的是激将说服法。

"一个有出息的人，不必回家跟老婆商量。"

"只有能自我判断、毫不迟疑地做出决定的人，才配称为人中之龙。"

"我听部长说，您可是一块可造之材，所以请您现在就下定决心吧！因为出人头地者决不迟疑。"

"要不，这样吧。您现在就先填写这张申请书，如果夫人反对您的决定，就请您明天打电话来，我再将这张投保书作废。"

碰到扭扭捏捏、不愿填写投保书的人，柴田和子说服顾客用的是上述激将法。

在这世上有的人明白保险的必要性与重要性，却又总是下不了投保的决心。遇到这种情形，柴田和子会这样对他们说："您打高尔夫球输5万日元，打麻将输3万日元也不皱一下眉头，可是要您每月缴5万日元的保费就舍不得。像这样弄不清孰轻孰重的人，怎么期望将来出人头地呢？"如此来激发他们的决心。

经过这些说服，大部分的人都会说："那行吧，我签下这份保单。"因这种激将法生效，而当场填妥投保书的人，几乎没有人会再打电话来取消保险契约。

柴田和子几乎对每一种顾客都威胁过："如果您不给我来电话，就表示您讨厌我！"

"您嘴上说这说那的，其实您心里根本不想跟我签约吧！"

"不，绝没这回事！"

"那您就签名呀！"

"啊！嗯！可是我得与夫人……"

"最近的男人好像都变得婆婆妈妈的，可是我相信您不是这样的。总之，请您现在就将这张保单填一填，如果您的夫人说不行，我们就将它作废。一般所谓的人中之龙，大多是即知即行，不知道您可不可以算是人中龙，但我宁愿相信您是。"

因此，柴田和子的保户全都是有决心、决断快又有责任感的人。

谈话的目的要心中有数

推销就得首先让顾客明白你说的是什么，你的产品、你所代表的公司有什么优点。所以在说服过程中要使用简明的话来说明一切，让他们的注意力快速转移到你身上。

面议洽谈是指推销人员运用各种方式、方法和手段，向对方传递推销信息并进行双向沟通、向对方进行讲解和示范，说服对方接受或者购买的过程，面议洽谈在推销的各个环节中起着举足轻重的作用。

推销面谈的目的在于沟通推销信息，诱发对方的接受或者购买动机，激发对方的欲望，说服对方采取行动。为了实现推销面谈的目的，推销人员需要完成以下任务：

首先，向对方传递推销信息，介绍推销产品的情况，帮助对方迅速认识推销产品及其特性和利益。对方只有在接受推销产品的各种信息，对其产生认识的基础上，才有可能做出购买决策。推销人员必须尽快把自己掌握的有关推销产品的信息传递给对方，帮助对方迅速了解推销产品的特性和利益。推销人员应根据具体情况，分析所传递信息的要点，利用口头语言、推销样品及其他必备的推销工具与顾客进行沟通交流，确保准确、全面、有效地传递推销信息。

其次，设法保持对方的注意和兴趣。对方的注意和兴趣是产生购买欲望的前提，推销约见和推销接近的目的是引起对方的注意力及兴趣，而在推销面谈时，推销人员应想方设法保持对方的注意力和兴趣。否则，你介绍得再详细，也难以激发对方的购买欲望，难以达到推销之目的。

再次，刺激对方需求，诱发对方的购买动机。购买动机决定购买行为，而购买动机又来自对方的需求。因此，推销人员应了解对方的各种需求，帮助对方解决在需求中存在的问题，有效地刺激对方的需求，诱发对方的购买动机，进而产生购买行为。

最后，解答对方提出的问题，取得对方的信任。推销人员在推销面谈时，不仅是向对方介绍产品，传递信息。同时还要解答对方提出的问题，只有这样才能保证与对方进一步的沟通，才能取得对方的信任，才有可能实现交易。

总之，当推销人员面对顾客，开展推销说服时，首先须明白向对方推销什么。要达到推销的目的，对不同的顾客，推销人员总是采取不同的推销面谈方式、方法及手段。

第九章

说服，商务谈判的最终目标

　　谈判桌上的说服不同于其他场合中的说服，不能运用含糊其词的语言。商务谈判需要高超的说服口才，你的目的、要求、观念、构想都要一字不差地准确传达给对方，让对方同意你的条件。从某个意义上讲，商务谈判就是双方说服口才的较量。

谈判的听、问、叙及说服技巧

（一）倾听的技巧

在面对面的谈判场合中，所谓听，并不是指运用耳朵那种听觉器官的听，而是指运用眼睛去观察对手的动作和表情，运用心为对手的话语作设身处地的构想，以及运用头脑去研究判断对手的话语背后的动机，这种耳到、心到与脑到的听，称为倾听与聆听。

1. 专心、有鉴别地倾听

专心致志地倾听，要求谈判者在别人发言的时候精力集中，即使是自己十分熟知的话题也不例外。有鉴别地倾听，必须建立在专心倾听的基础上，因为不用心听，也就无法鉴别对方传来的信息哪些是真的，哪些是假的，哪些是无用的。

2. 要有一个好心态去听

偏见是影响你和对方人际关系的因素，如果对对方有偏见，在听他讲话时也往往会带上偏见，因而就不能客观地听他说话，即使他的话对你很重要，你也不会从他的话里获得有益的信息。

3. 切勿抢话

抢话会打乱别人的思路，也耽误自己倾听。抢话不同于问话，问话是由于某个信息或意思未能记住或理解而要求对方给予的解释或重复，因此问话是必要的。抢话则是急于纠正别人的错误，或用自己的观点来取代别人的观点，是一种不尊重人的行为，往往会阻塞双方的思路或感情的渠道，不利于创造良好的谈判气氛。

4. 勇于面对艰难话题

谈判中，往往会涉及一些诸如政治、技术或人际关系方面的问题，可能使谈判者难以回答，有些谈判者采取充耳不闻的态度来回避问题，往往暴露了自己的弱点。一个合格的谈判者要有信心、有能力去迎接对方提出的一切问题，只有细心领会对方提出此类问题的真实用心，才能找出解决难题的有效答案。

5. 向对方反馈信息要主动

要使你的倾听获得良好的效果，不仅要专心地听，同时还要做出反馈性的表示，如以口头语言、面部表情或动作向对方表述你对他的话语的了解程度或者要求对方澄清或阐述他所说的话语，这样对方会因你的态度而愿意更多、更广、更深刻地暴露自己的观点。

因此，只要有可能，就应尽量为双方创造有利于倾听的环境，不但可以发掘事实真相，而且可以探索对手的动机和思维脉络所在。

（二）提问的技巧

发问是使自己"多听少说"的一种最有效的方法，谈判中发问主要有以下几种功能：

1. 提问的功能

（1）收集资料。如："你可否谈一谈你方所希望的付款条件？"

（2）透视对方的动机与意向。如："哪些因素促使你决定参加此项投标？"

（3）鼓励对方参与意见。如："你对整个计划的完工日期有什么看法？"

（4）测定意见是否趋于一致。如："这次加薪幅度与你期望中的有无差距？"

2.提问的方法

为使发问在谈判中发挥其独特的功能，掌握以下一些基本方法是必要的。

（1）封闭式发问

这是可以在特定领域中获得特定答复的发问。

例如："你是否认为售后服务没有改进的可能？"（答复应为"是"或"否"）封闭式发问可使发问者获得特定的资料，而回答这种提问的人并不需要太多的思索工夫即能给予答复。

（2）开放式发问

这是一种能够在广泛领域内获得广泛答复的问句。通常均无法用"是"或"否"等简单的措辞作为答复，例如："你对自己当前的工作表现有何看法？""假如你方再度延迟交货，则我方将对已到期的贷款进行止付。这样做，你方有何意见？"等等。开放式提问因为不限定答复的范围，故可使对话者畅所欲言，同时发问者也可以从中获悉对话者的立场与感受。

（3）澄清式发问

这是针对对方的答复，重新提出问题使对方做出证实，或补充原先答复的一种问句。例如："你刚刚说对目前进行中的这一宗买卖你可以作取舍，这是不是说你拥有全权跟我方进行谈判？"澄清式问句不但能确保谈判双方在"同一语言"基础上进行沟通，而且还是针对对方的话语给予回馈的一种理解方式。

（4）探索式发问

这是针对对方的答复，要求引申或举例说明的一种问句。例如："你说你们对所有的承销商都一视同仁地按定价给予30%的折扣，请说明一下为什么你们不对销售量更大的承销商给予更大的折扣作为鼓励？"探索式问句不但可用以发掘较充分的信息，而且可以用来显示发问者对对方答复的重视。

（5）含有第三者意见的提问

这是借助第三者的意见以影响对方意见的一种问句，例如："工程部门的专家非常支持使用部门更新设备的要求，不知你们采购部门对更新设备的要求有何看法？"含有第三者意见的问句中的第三者，如果是对方所熟悉而且也是他所尊重的人，该问句对对方将产生很大的影响，否则，将适得其反。

（6）引导性问句

这是指对答案具有暗示性的问句。例如："你们违约，是不是应承担责任？"这类问题几乎使对方毫无选择地按发问者设计的答案回答。

（三）叙述的技巧

谈判中的叙述与答复有某些相通之处，但两者毕竟不能等同。谈判中的答复，是对双方提出问题所作的针对性的阐述。而谈判的叙述，则是基于你的立场、观点、方案等，旨在通过表达对各种问题的具体看法或对客观事物的陈述，以使对方了解你。谈判中叙述是一种不受对方提出问题的方向和范围制约的带有主动性的阐述，是谈判中传递信息、沟通情感的一种方法。

谈判者能否正确、有效地运用叙述技巧，把握叙述的要领，会直接影响谈判的效果，从谈判的角度来看，叙述应掌握以下技巧：

1. 进行沟通的语言要让对方能听懂

在谈判中假如无法避免使用专业术语，则至少应以简明易懂的惯用语加以解释。因为叙述的目的是让对方相信你所讲的事实或接受你的观点，而不是要借助于叙述炫耀自己的学问，卖弄自己的词汇。

2. 与谈判主题无关的意见不发表

在谈判过程中，发表与谈判主题无关的个人意见是极不得体的。因为不同意你的意见的人，将会对你产生反感。

3. 主次分明地叙述

谈判中的叙述不同于日常生活中的闲谈，应力戒语无伦次，东扯西拉，使人听了不知所云，抓不住主题。叙述要符合听者习惯的接受方式，明确叙述的主次，分层次进行，否则，对方会产生厌烦的心理。

4. 实事求是地叙述

谈判中叙述基本事实时，要以客观态度叙述事实，这样才能达到使人相信的目的。否则一旦露出破绽就会损害己方的可信性，进而削弱自己的谈判实力。

5. 随时纠正叙述中出现的错误

谈判者在叙述过程中，常常会因为偏题或遗忘等原因而出现叙述上的错误。谈判者应有勇气随时纠正这些错误，不可碍于面子而采取顺水推舟、将错就错的做法。否则，会使对方误解，影响谈判的思想交流。

6.必要时注意重复

叙述中有时会遇到对方不理解、没听清或有疑问的情况，细心的谈判者会从对方的眼神、表情中觉察到，这就需要叙述者放慢速度，重复叙述，对方一时不理解的，应当耐心解释，对方误解的要予以纠正和澄清。

7.叙述时避免使用包含上限、下限的数值

在谈判过程中，一旦涉及数值（如价格、兑换率、赔偿额、增长率等）则应提出一个确切的具体数值，而避免提出关于某一上限与某一下限之间的数值，因为谈判对手很自然地会选择有利于他的上限或下限作为讨价还价的基础。

8.其他

在谈判结束时，要给予对方正面的评价，不论结果是什么。对参与人员来说，每一种谈判都有某种程度的益处，因此多数情况下，在谈判结束时对谈判对方表示谢意是极其必要的。

（四）说服的技巧

谈判中能否说服对方接受自己的观点，是谈判能否成功的一个关键。谈判中的说服，就是综合运用听、问、叙等各种技巧，改变对方的起初想法而使之接受己方的意见。说服是谈判过程中最艰巨、最复杂，同时也是最富有技巧性的工作。下面分两个方面来论述。

1.创造说服对方的条件

（1）要说服对方改变初衷，应当首先改善与对方的人际关系。当一个人考虑是否接受说服之前，他会先衡量说服者与他熟悉的程度，实际就是对你的信任度。对方在情绪上与你是对立的，则不可能接受你的劝说。

（2）在进行说服时，还要注意向对方讲你之所以选择他为说服对象的理由，使对方重视与你交谈的机会。

（3）把握说服的时机。在对方情绪激动或不稳定时，在对方喜欢或敬重的人在场时，在对方的思维方式极端时，暂时不要说服，这时你首先应当设法安定对方的情绪，避免让对方失面子，然后才可以进行说服。

2.说服的一般技巧

（1）努力寻求双方的共同点。谈判者要说服对方，应寻求并强调与对方立场一致的地方，这样可以赢得对方的信任，消除对方的对抗情绪，以双方立场的一致性为跳板，因势利导地解开对方思想的隔阂，说服才能奏效。

（2）强调彼此利益的一致性。说服工作要立足于强调双方利益的一致性，淡化相互间的矛盾性，这样对方就较容易接受你的观点。

（3）要诚挚地向对方说明，如果接受了你的意见将会有什么利弊得失。既要讲明接受你的意见后对方将会得到什么样的益处，你将会得到什么样的益处，也要讲明接受你的意见，对方的损失是什么，你的损失有哪些。这样做的好处是：一方面使人感到你的意见客观、符合情理；另一方面当对方接受你的意见后，如果出现了不好的情况，你也可以进行适当的解释。

谈判的语言运用

在商务谈判过程中的语言运用至关重要，它是为最终说服对手达到制胜目的的基础，是为更好的说服服务的。

（一）谈判的语言

谈判语言有多种，要求也各不相同，在这里所谈的是口语表达的要求。口语表达，涉及的方面也很多，如声音、语气、节奏等，各方面又有其特定要求。

1. 言简意赅

言简意赅就是用最少的语言表达尽量多的内容，即简练，这是所有书面和口头语言的共同要求。言简意赅不等于话少，内容空洞的话少也不能算简练。语言的简练是与内容相对而言的。内容丰富，洋洋万言也可以是简练的。谈判语言的简练，书面语与口语又有些差别。书面语的阅读可以不受时间限制，为了尽可能简练，甚至可以使用一些古典词语。而口语除了要考虑把意思表达得明白、巧妙之外，还要考虑到对方是否能听懂。反过来说，真正简练的语言是最能突出讲话主题的，是易使对方接受的。因为啰啰唆唆，表面看很细致，但听起来主次不清，重点不突出，云遮雾罩，令人不知所云。过分的简练，对方思路跟不上，也起不到交流信息的作用。

要做到言简意赅，首先，要训练思维，想不清楚就说不明白，思维不清晰，语言就不会简明扼要。其次，平日就要对语言简练有自觉追求，不随便放过每一个锻炼的机会，没有这方面的锻炼，就不会有这方面的提高。谈判前临阵磨枪固然不可忽视，但没有长期的基本功训练，临场是很难应付自如的。最后，要进行心理调整。情绪激动，有时会急中生智，但更多的时候则会导致思维混乱，思维一乱，语言就必然颠三倒四，条理不清。

在谈判中，每次说话前，先要进行自我心理调控，尽量平定情绪，以保持头脑清醒；然后想清楚要表达什么意思，哪些是主要的，先说什么，后说什么，不说什么，哪些词语最能表达内心的意思，前后句怎样衔接连贯等。说话时，还应放慢速度。就是说，思维比语言表达越快，越是超前，组织语言就越从容，语言组织得也就越简练。说话拖拖沓沓，主要原因是思维太慢，大脑兴奋度低。平定情绪，兴奋大脑，活跃思维，放慢说话速度，再加上平时练习，多做准备，做到这些，就不难做到语言简练了。

2. 曲言婉至

委婉是一种运用迂回曲折的含蓄语言表达本意的方法。由于它在人际交往中应用广泛，而且千变万化，也被认为是一种语言风格。在谈判中，由于特定原因，有些话不便直说，而委婉可以给语言造成一定的弹性，因此，人们又称委婉为谈判的缓冲术。其作用大致有两点：

（1）给自己留面子

在谈判中有些事、有些要求直说可能为难，有些问题回答不出来或回答了会给自己造成难堪，而委婉则可以解决这个问题。

（2）给对方留面子

人有受到尊重的需要，能否维护对方自尊心，常常是影响谈判成败和合作关系好坏的直接原因。有些话，如拒绝对方要求，阐明与对方不一致的观点，或批评对方等，说得不当，极容易引起对方的敌意或不快。这时，委婉含蓄地表达，既能说出难言的苦衷，又使对方乐于接受。

一个卓越的谈判者，常常善于顾全双方的面子，使谈判得以在融洽的气氛中顺利进行，况且商务谈判不仅仅是为了追求经济效益，建立良好的人际关系也应该是目标之一。我们既要有勇气说"不"，又不要把"不"字说出来。委婉是将谈判的问题与人分开对待的高明的艺术手段。

例如，在许多谈判中，一方总要对另一方的动机和意图没完没了地评头论足。然而，从问题对你有影响的方面而不以他们为什么那样做的方面描述问题将更有说服力。要说"我没听明白，请你再说一遍"，而不说"你没说清楚，请再说一遍"；要说"我感到失望"，而不说"你失言了"；要说"对你们的要求，我们商量一下再主动与你们联系"，而不说"你们的要求是无理的，我们不能接受"。这样对方就不会恼怒你，他可能会为问题而烦恼，但对你是理解的。

3. 幽默

幽默意为言语或举动生动有趣而含意较深。幽默对于谈判有着不可忽视的作用。当事情的讨论达到高潮或时限将到的时候，紧张的气氛往往会令人变得浮躁和头痛。这时幽默就像降压灵、镇静剂一样，可以有效地缓和紧张气氛。当对一些问题不想回答的时候，幽默是最好的回答，它既可以避开实质性的回答和对方的继续追问，又不至于产生难堪的僵持局面。当需揭穿对方的荒谬和虚假又不想激怒他的时候，幽默也不失为一种很好的方法。谈判双方既合作又矛盾，相互间难免磕磕碰碰，幽默可以避免这种硬碰硬。运用得好，可以化干戈为玉帛，变紧张为愉悦，创造出友好和谐的谈判气氛。

（1）构想要迅速

先确立目标，然后设想分几步达到目标。自己怎么说，对方可能怎么说，自己再怎么说，对方又会怎么说……如同制订作战计划一样。不过制订作战计划往往有一定的时间保证，而幽默则是即情即景的临场发挥，构想尤其要快。请看下面的例子：

一个顾客在酒店喝啤酒，他喝完第二杯之后，转身问老板："你们这儿一星期能卖多少桶啤酒？""7桶。"老板因生意不佳有些不悦。"那么，"顾客说，"我有一个办法，能使每星期卖掉70桶。"老板很惊喜，忙问："什么办法？"

"这很简单，你只要将每个杯子里的啤酒装满就行。"

这个顾客的目标是批评老板卖酒不足杯。他是分三步达到目标的。先询问，然后抛出诱饵，最后实现目标。这有点像高手下棋，一眼看出了三步棋。

（2）超常规联想

幽默产生于语言的反常组合，即语言组合与人们共有知识有违，完全超出人们可以预料的范围。不过幽默并不产生于语言自身的变化，而是来自超常规的思路。超常规的思路又来自超常规的联想。例如：

某西餐馆内顾客和服务员之间的一段对话：

顾客："我的菜还没做好吗？"

服务员："您订了什么菜？"

顾客："炸蜗牛。"

服务员："噢，我去厨房看一下，请您稍等片刻。"

顾客（生气地说）："我已经等了半个小时啦！"

服务员："这是因为蜗牛是行动迟缓的动物……"（两人都笑了）

蜗牛"行动迟缓"与"等了半个小时"之间显然没有因果关系，而服务员却超常规地将二者用一个共同特征"慢"联系到一起，产生了幽默的效果，使顾客转怒为笑。

（3）故意曲解

对方的话可能有多种解释，其中有的符合他的原意，有的则不，故意曲解就是有意违背对方原意。如：

一位顾客在饭店吃饭，米饭中沙子很多，他不得不把它们吐在桌上，服务员见此情景很是不安，抱歉地说："净是沙子吧？"顾客摇摇头微笑着说："不，也有米饭。"顿时两人都笑了。

服务员的意思是沙子多，而不是全是沙子，顾客的回答则是根据服务员问话的字面意思承接的，这就收到了亦正亦奇的幽默效果。

（4）巧妙对接

接过问句，将它的词语或词序稍加改动，做出形式相似内容相反的回答。如：

穷人："早上好，先生，你今天出来得早啊？"

富人："我出来散散步，看看是否有胃口对付早餐，你在干什么？"

穷人："我出来转转，看看是否有早餐对付胃口。"

形式变化小，内容变化大，一小一大的反差，产生了幽默的效果。

幽默是优越感的表现，是智慧的闪光，然而，仅有优越感和智慧还不一定会幽默，幽默首先要具有幽默意识，缺乏幽默意识的人，不管多聪明，都是与幽默无缘的。具备了幽默意识，还需要经过一番学习实践才能掌握，"观千剑而后识器，操千曲然后晓声"，学习一些幽默的方法有助于提高你的品位，但更重要的是你要听懂大量的幽默作品，并潜心揣摩，心领神会。幽默可使你变得思维活跃机敏，活跃机敏的思维又可以使你变得幽默风趣。

（二）表达的形式

提问、应答是谈判语言的主要表达形式，这方面都能驾驭得好并非易事，一旦学会了它们，就等于学会了驾驭谈判。

1.提问

提问是一种很重要的谈判工具，它除了可以获得信息以外，还可以用于刺激思考，控制谈判方向，了解对方是否明白或理解了你的意思，以及帮助对方做出你所希望的决定等。不适当的提问会给我们带来不少麻烦，为了避免不必要的麻烦，达到提问的目的，必须注意两点：第一，提什么问题；第二，如何发问。此外，这些问题会在对方身上产生什么反应，也是重要的考虑因素。

（1）提什么问题要清楚

问题多种多样，从不同角度分，类型也不同，尽管只从一个角度谈能得到逻辑统一，而不同角度之间多有交叉和平行。可为了把问题概括得更全面一些，我们不得不选择更多的侧面。

①引导性问题和非引导性问题

引导性的问题要求对方针对某个具体观点作答。因此，也叫具体问题，旨在得到具体的、有限的信息。如："你想买什么东西？""你愿意付出多少钱？"这种问题，对方容易作答，也基本上能够引导和掌握对方的思路。

非引导性问题，也就是泛泛的问题，如："你为什么这么干？""你是如何干的？""你如何决定那些价格？""你觉得这产品怎样？"非引导性问题往往可能诱导出完整的回答，也许是因为人们回答这种问题时要比回答引导性问题更自在。可麻烦的是，这种问题无法预测或控制对方的答复。回答这种问题，对方就不得不好好思索一番，而且颇有风险，他要重新斟酌自己的前提，或者更严格地重新评判你的前提。

②目的性问题

每个问题都包含两部分：一部分描述范围、背景或者问题结构，另一部分才是问题本身。第一部分可能含有某种目的，至于问题本身，则也另有目的。这类问题具有明确的目的性，或者是为了获得资料，或者是为了刺激对方思考，或者是为了促使对方作决定，或者达到其他什么目的。

可以获得资料的问题。例如：

a. 你对我们的产品有什么不满意的地方?

b. 请你告诉我为什么它值这个价钱?

c. 请你解释给我听好吗?

d. 你有没有看过我们的最新产品?

e. 你的意见是这样的……对不对?

可以刺激对方思考的问题。例如:

a. 请你考虑签订一份两年的合同好吗?

b. 你怎么起了这个念头的?

c. 你有把握吗?

d. 你能不能考虑这笔交易呢?

e. 你有没有想过增加生产?

促使对方决定的问题,也叫具有结束性的问题。例如:

a. 接受这个价格,不然就算了。

b. 你想要哪一种,蓝的还是红的?

c. 你们订多少货?

d. 你希望我们现在就开始动工吗?

e. 假如我们要打九折,你是不是要把全部订单都给我们呢?

能制造某种和谐气氛的问题,也叫坦白的问题。例如:

a. 告诉我,你至少要销售多少?

b. 要改变你的现状,需要花费多少钱?

c. 你是否清楚,我已提供给你一个很好的机会?

d. 你能不能信任我呢?

e. 你能告诉我真相吗?

③含糊不清的问题。

一个语意含糊不清的问题也就是可以作多种解释的问题。问这种问题的人，很可能是想套出对方的话或者连他自己也搞不清楚是什么意思。例如：

a. 你的报价是怎么算出来的？

b. 那样看起来好像不对，不是吗？

c. 成本看来似乎很高，不是吗？

d. 你是如何计算固定资产残值的？

e. 你能够做得比这个更好，不是吗？

（2）如何发问

当我们确定了该提什么问题的时候，还要讲究提问的方式。对同一个问题，可以用不同的方法，从不同的角度发问。发问的方式不同，效果也不一样。

①提问的几项原则

a. 预先准备好问题。

b. 由己方的人先举行一次"群英会"，集思广益。

c. 即使一般人都难以启齿，也要有勇气询问对方的业务状况。

d. 要有勇气提出对方可能回避的问题，因为从对方对这些问题的反应中，足以得到某些暗示。

e. 提出问题后就闭口不言，等待对方回答。

f. 假如对方的答案不够完整甚至回避不答，要有耐心和毅力追问。

g. 提出某些已经知道答案的问题，将会帮助了解对方诚实的程度。

h. 由广泛的问题入手，再移向专门性的问题，将有助于缩短沟通的时间。

i. 所有的问题都围绕一个中心议题，并且尽量根据前一个问题的答复构造问句。

j. 提出敏感性问题时，应该说明一下发问的理由，以避免误解。

②提问的种类

a. 有效提问和无效提问。有效提问，是确切而富有艺术性的一种发问。无效提问，是迫使对方接受并不同意的一种发问，或迫使对方消极地去适应预先制定的模式的一种发问。例如：

(a) 你根本没有想出一个主意来，你凭什么认为你能提出一个切实可行的方案呢？

(b) 你对这个问题还有什么意见？

(c) 不知各位对此有何高见？

(d) 这香烟发霉了吗？

第一句的提问，是典型的压制性的、不留余地的提问，把对方逼得不知如何回答是好。第二句的提问，是缺乏感情色彩的、例行公事的发问，引不起对方的兴趣。第三句的提问，虽然从表面上看，这种问话很好，但效果很差，谁敢肯定自己发表的是高见呢？谁好意思开口呢？第四句的提问，很容易反过来伤害自己。得到的回答是："发霉？请到别处去！"因此，有效的提问要讲究艺术，注重效果。

有效提问艺术，必须做到如下三个方面：

276

（a）有效提问，必须创造出"问者谦谦，言者谆谆"的谈判气氛。给人以真诚感和可信任的印象，形成坦诚信赖的心理感应，从而使答问者产生平和而从容的感受，以达到预期的目的。

（b）有效提问，必须使用一定的提问模式，即：有效提问 = 陈述 + 疑问语句。根据这一模式，可将无效提问的四个例句改为：

ⓐ你能提出一个切实可行的方案，这很好，能先说一说吗？

ⓑ你是能帮助解决这一问题的，你有什么建议吗？

ⓒ不知诸位意下如何，愿意交流一下吗？

ⓓ香烟是刚到的货，对吗？

据交际学家们分析，人们的每一次发问，几乎都可以化为这种模式，即先将疑问的内容用陈述句表述，然后在陈述句之后附上一些疑问语句。与此同时配以赞许的一笑，这样的提问就会有效。这种提问形式能调动对方回答的积极性，开发对方更深层的智力资源，充分满足对方的赞许动机，即渴求社会评价的嘉许与肯定的心理。

（c）有效提问，必须善于运用延伸艺术。如果一次提问未能达到自己的问话目的，运用延伸提问将是有效的。如："你的成本是否包含研究费用？在哪儿？它是如何分摊的？但是你曾经说过，我们所交易的产品并不需要作新的研究，为什么要把它包含在我们的成本里呢？""对这个烘干机，你能提供怎样的保证？喔！我不了解这些。它们彼此之间有什么差别呢？为什么会有这种差别？别人也提供这些服务，你为什么要多收我这些费用呢？"

b. 功能性提问。功能性提问大致有下列五种：

（a）引起他人注意，为他人思考提供既定方向。

（b）取得自己所不知的消息，发问人希望对方提供自己不了解的资料。

（c）发问人借助问话向对方传达自己的感受，或传达对方不知道的消息。

（d）引起对方思绪活动。

（e）作结论用，借助问话使话题归于结论。

通常在谈判中，对方会对问话感到一股压力和焦虑不安。这主要是因为采用了第三和第五种功能问话所造成的，相比之下，第一、第二、第四种功能的问话不易引起对方的焦虑不安。例如，当与别人商讨一件事情时，问道："你有什么意见？"（第五种功能的问话）很明显，前者给予被问话者的压力要远比后者大。再如：假设一位推销员下乡推销书籍，有人路过书摊，推销员问他："请问你买新华字典吗？"这是第五种功能的问话。答话可能是："不要。"但如果问的是："请问你家有没有上学的孩子？"因为这是第一和第二种功能的问话，这样的问话就会引起他人的注意，并获得所希望知道的消息。

谈判的时候，问话的目的是：引起对方的注意，获得自己希望知道的消息，以及引起对方的思绪活动。所以设计的问话，便需和第一、第二、第四种功能有密切关系。如果发现问话出现第三和第五种功能，便要对自己的问话另作检讨，尽可能转换成第一、第二和第四种功能的问话。

c.直接提问和间接提问。为了得到信息，最直截了当的询问往往是以"谁""什么地点""什么事""为什么"以及"怎么样"

等词语打头的。然而，这样存在一个弊端，那就是会给人打探什么的印象。也可能对于提出的问题对方不了解而使他们为难。为了使这类问题的提出变得温和一些，可以在问题前利用一些引语："我可以问……？""你是否介意我问一两个问题……"，或者将问话改变成叙述语句。例如："你什么时候来？"是直接问话，而"主席想知道你什么时候来"是间接问话。后者采用叙述语句，语气比前者和缓得多。

另外，间接问话比起直接问话，较容易获得自己期望的答案，或更容易将自己的心情表达明白。"请问你能不能马上来？"与"请你马上来好吗？"便是一例，从后者我们看出，直接问话往往会以命令的语气出现，使对方不易婉转回答。

2. 应答

在谈判的问答过程中，往往会使谈判的各方或多或少地感受到一股必须及时、直接、全面回答的压力。在这股压力下，缺乏经验的谈判者常犯的毛病是：仓促应答，问什么就答什么，问多少就答多少，怎么问就怎么答。结果是对方越逼越紧，问题越问越多，以至被逼问得手足无措，只得将己方的情况全盘端出，或是生硬地拒绝回答。而有些擅长应答的谈判高手，他们懂得，好的应答不在于回答对方的"对"或"错"，他们并不考虑回答得是否对题。因为谈判不是上课，很少有对或错那么确切而简单的回答，他们的回答往往给对方提供的是一些等于没有答复的答复。他们总是力图改变自己的被动局面，力图答得巧妙得体。当然，你也应该避免走向另一个极端，即对什么问题都顾左右而言他。那样，对方会认为你缺乏诚意而退出谈判，或反过来以同样的方法对付你，那样谈判就很难顺利进行。

要想做出令人满意的回答，在正式谈判之前，最好预先写下对方可能提出的问题，先假设一些难题来思考。考虑的时间愈多，所得到的答案就会愈好。因为一般人在面临难题的时候，是难以做出快速陈述及有意义的回答的。在正式谈判的时候，回答问题的诀窍在于知道该回答什么问题，不该回答什么问题和如何回答。

（1）应答的原则

①在回答问题之前，要给自己一些思考问题的时间。

②在未完全了解问题的真正含意之前，不要贸然回答。

③要知道某些问题并不值得回答。

④有时候回答整个问题，倒不如回答问题的某一部分。

⑤回避回答问题，理由是主客观情况所限。

⑥拖延回答的借口是资料不全或记不得。

⑦逃避回答的办法是顾左右而言他。

⑧让对方阐明他自己的问题。

⑨谈判时针对问题的回答，并不一定就是最好的回答。它们可能是最愚蠢的回答。所以不要在这上面下功夫。

（2）应答的方法

①要使回答具有针对性。有时候，问句的字面意思和问话人的本意不是一回事。回答时，就不仅要注意问话的表面意思是什么，更要认清提问人的动机、态度和问题的含意、前提是什么，使回答具有针对性。

有的问话，话里有话，弦外有音。

如果是由一种心理需要所驱使，回答就应针对其动机而来。假如市场上只有一家卖鱼的，顾客问："这鱼多少钱一斤？"答："3块钱。"就不如答："老价钱，3块钱。"因为顾客的心理动机是看价钱涨了没有，然后决定买不买或买多还是买少。如果市场上有几家卖同类鱼的，顾客问价的动机就复杂了。一是可能比较各家的价格高低，看涨价了没有，另外鱼有大小和新鲜程度的差别，顾客还要看鱼是否质价相符，在这种情况下，要回答得对顾客有吸引力，考虑的因素多了些，答案也就要视情况而定。

如果暗含一种前提意义，如黑格尔在《哲学史演讲录》中曾经举过一例，有人问梅内德谟："你是否停止打你的父亲？"人们想使他陷入困境，不管他回答"是"或"否"，在这里都是危险的，如果答"是"，那么就是曾打过父亲，如果答"否"，那就是还要打父亲。梅内德谟答道："我从来没有打过他。"这个回答就否定了对方问话中的前提意义。

②要使回答具有灵活性。提问人总是想用疑问词语和句式来对被问人答什么、怎么答进行控制。回答时可用一些方法突破这种控制。

例如，有一位推销员向一位家庭主妇宣传他的各种商品的优点，然后问："请问你需要什么？""钱！"这位主妇答道。疑问词"什么"是有其所指范围的，即他的这些商品中的某一样或几样东西，推销员试图用问话控制主妇的回答，但主妇的回答却超过了这个范围，显得幽默风趣。

③切勿彻底回答。不要彻底回答，一种方法是不把知道的都说出来。例如：有两个人到湖里去游泳，他们看到湖边有一个人在钓鱼，就跑去问那人湖里有没有水蛇，那人回答："没有。"两人就脱衣跳入湖里，尽情地游泳。等了一会儿，其中一个向岸边那人招呼："湖里为什么没有水蛇呢？"那人说："都被鳄鱼吃光了。"两人听后慌忙向岸边游来。

不彻底回答的另一种方法是闪烁其词。假如有一位推销员，正在推销一部洗衣机，开门的人问价钱多少，推销员明知把价钱一说，对方很可能因为价钱并不便宜而马上把门关上，于是不能照实回答。他可以闪烁其词地说："先生，我相信你会对价格很满意的。请让我把这部洗衣机的几种特殊的性能说明一下好吗？我相信你会对这部洗衣机感兴趣的。"

④不要确切地回答。这是说你的回答要模棱两可，弹性很大。在商务谈判中，有时不宜正面回答对方的提问，而作虚假的回答又是不道德的，这时可以说一些非常概括、非常原则的话，但其中既不真也不假的话不容易说，只要稍失分寸，就会造成失实、虚假的后果，丧失信誉。

弹性回答通常都要采用比较的语气："据我所知……"先说明一件类似的情况，再拉回正题，或者，可以利用反问把重点转移，例如："是的，我猜想你会这样问，我会给你满意的答复。不过在我回答之前，请先准许我问一个问题。"若是对方还不满意，你可以回答："也许你的想法很对，不过你的理由是什么？"或是，"那么你希望我怎么解释呢？"

⑤想办法打消问话者继续保持追问的兴致。

a. 回答问题的时候，说明许多理由，但不要把自己的理由说进去。这适用于带有明显的非难、责怪意图的问话。

b. 回答问题时，借口问题无法回答。例如："这是一个没法回答的问题。""这个问题只有待之未来解决啦。""现在讨论这个问题不会有结果的。"

c. 把回答尽量冲淡。例如轻描淡写地说一句："只不过吃了一顿便饭啦！"

d. 回答时尽量利用幽默。一位旅行家问："从前有什么大人物出生在这座城市吗？"导游回答："没有，只有婴儿。"

e. 答非所问。有个人，自以为文章写得不错，拿去请名人看。名人看后，那人问道："先生以为如何？"名人答："字写得很优美。"

f. 干脆不答。像等待小孩子干坏事一样，转移他的注意力，或引向另一个问题，或指定他人回答以转移注意力。

这些方法的原则是，对严肃的问题采用游戏的态度，两人的态度一旦不相合，对方追问的兴致自然就打消了。

谈判中语言的铺垫

谈判最能体现语言的使用技巧，也能表现出语言和突出功效。因此既要重视语言，又要密切注意对方动向，要想游刃有余地说服强大的谈判对手，就要注意语言的铺垫。

（一）交锋前的铺垫

谈判交锋前的铺垫是指双方在对实质内容（即与交易相关的各种条件）进行谈判前的铺垫。该阶段的表述要实现三个功效：营造主题氛围、调度心理趋向和集中思维方向。谈判手的表述实现了这三个功效，即为表述成功。如何才算表述成功？或者说，怎么表述才能成功呢？

1.营造主题氛围

营造主题氛围是指谈判手根据总体谈判策略的需要，建立有利于表达的谈判氛围。所谓主题，是强调总体策略的特征，如冷与热，紧与松等总体性、基本性的特征。要实现主题氛围的营造，在表达上需要考虑话题选择、语句选择和表情的配合。

（1）话题选择

谈判手在铺垫时讲什么话题更适合主题氛围，即为话题选择。话题有许多，其中有一些可能带有"煽情性"。例如，关心体贴之类的话题，歌功颂德的话题，怀旧叙旧的话题，祝福期盼的话题，情谊表达的话题均属"煽情性"的话题。还有"伤情性"的话题，例如揭伤疤之类的话题，声明性的话题，贬抑性的话题，为难之类的话题，等等。此外，还有"平淡性"的话题，就事论事的话题及不带褒贬、不带好恶感情的话题，等等。

在铺垫中，正确选择不同类型的话题，才可正确营造所需的主题氛围，正确选择了话题，才可以带出相应的语句为相应的主题氛围服务。显然，伤情的话题是绝不可能营造友好热烈氛围的。反之，煽情性的话题也不可能获得平淡的谈判气氛。

（2）语句选择

语句与话题相关。语句本身也有特性，故选择时必须符合话题的需要。具体来讲，需先分清语句的类别与特性，后决定选择。语句有华丽、朴素、硬板之分。

华丽的语句，多指构造复杂、修饰丰富、表述细腻的语句。朴素语句，多指构造简单，不加修饰的语句。如句子附加成分使用较少，只有主谓宾语组句，甚至仅以因果两句组句。典型的例子如：

"我很高兴认识您。""要谈的议题很复杂。""下午我们继续商量。""我建议用两天时间谈完。""由于你我双方都很忙，日程安排应紧凑些。""由于我不熟悉贵方习惯，请贵方先说吧。"等等。

硬板语句是指简捷干脆、常带祈使语的语句。例如："对不起，我看难办。""等等，别急，听我说完。""您好！幸会。希望能配合好。""是吗？我听错了？我实在太忙，请贵方能抓紧时间。"

针对不同话题，华丽语句可以用于煽情话题，其中尖刻的修饰也可用于伤情话题。朴素语句可用于平淡话题。硬板语句可用于伤情话题。

（3）表情的配合

指谈判手在进行语言铺垫时的面部表情。铺垫时，谈判手的面部表情可以是"春风荡漾"，即面带微笑且常挂不衰；也可能是"秋风萧萧"，即面显愁容且眼皮沉重；还可能是"风平浪静"，即面部平静且眼神平淡。不同的表情可以按铺垫时营造的主题氛围而选择。春风荡漾的表情自应与煽情话题相配，秋风萧萧更适合伤情话题，而风平浪静的表情适合平淡话题。

不过，由于策略需要，常常会进行复合式的运用。如软中带硬时，会把"春风与秋风"交汇一起。相反，在冷漠之中，也会吹点春风。但应注意：这里讲的交汇，是整体的交汇，即春风荡漾的表情与煽情性话题整体上和秋风萧萧的表情与伤情话题交汇使用，而不是将春风荡漾的表情与伤情话题交汇，或秋风萧萧的表情与煽情的话题交汇。当然，仅在说俏皮话和幸灾乐祸时，才会有表情与话题的反向交汇，例如，面带笑容却大谈伤情事。

2.调度心理趋向

交锋前的铺垫中，心理的调度非常重要，它主要是指使对手的情感与欲望应适合谈判实质条件的需要，或者说，调理谈判对手的情感和欲望，使之符合谈判实际。

（1）情感调度

这有两种情况，一是你意欲成交，二是你无意成交。前者需要对方热情投入，后者是要扼制对方的成交热情。两种情况，调度表达并不一样。

需要调度对方热情时，首先要采用营造氛围的技巧，诸如煽情性的话题、语句及表情。其次，要强烈渲染成交的可能性。例如，强调双方的实力、双方的关系、双方的诚意、双方的长远利益等条件，借以燃起对方势在必得的谈判热情。不过，当对手恃强自傲，而你又需与之成交时，调度其谈判热情的手法就要变化。首先，营造氛围就要变成"平淡"。从话题和用语及表情反映出"非强求"之意，以保持你的主动地位。其次，说出结局——可能失败，以伤情的表述预测以后的谈判后果，使其反省自己，调整态度，拿出谈判热情来。要扼制对方成交热情时，首先，氛围营造应为平淡。其次，要讲不能交易的条件，如竞争、对方产品的缺陷等。同时，话语礼貌，以表达尊敬及爱护对方之意，以免谈判未如其愿时，误会你欺骗了他。

（2）欲望调整

这里也有两种典型情况：期待值过高（卖方要价太高或买方给价太低）和不期望结果（即抱着一试而已的态度）。

对于前者，表述中氛围可以自由选用，因为各有其用。煽情——表达友好，伤情——表达担忧，平淡——表达不抱希望，三者对于期待值过高的对手，铺垫的表述均可以采用。主要是要表达出期待值对应的条件——困难，让对手有一个思想准备——付出代价（实际条件和谈判的诚意）。

对于后者，主要看他对己方谈判的需要。若是"货比三家"中的一家，从策略需要，表达的主张应是煽情的：鼓励其全力以赴，或获得交易，或获得友情——未来的交易希望。若与谈判策略无关，则平淡对之，以节省时间，但表述中的友情与礼貌用语仍不可缺。典型表述有：

"十分感谢，您给了我这个机会与贵方谈判该笔交易。""请原谅，我方有自知之明。提前告退了。希望没给贵方带来不便。""看来，这次你我双方无缘成交了。我们下次再见。""本来我们也没指望会有什么结果，但让我们认识一下吧。""感谢您来我这里访问，希望这是我们交往的开始，而不是结束。"等等。

3. 集中思维方向

铺垫中集中思维方向，是指将谈判双方的谈判注意力集中到一个方向上来。换句话说，就是选定共同的谈判路线。这是谈判前的必修课，目的是解决问题。在这个表述中，要使用侦察—了解、磋商—判断、集中—结论等表达手法。

（1）侦察—了解

该手法是让谈判各方相互表明各自有关时间、地点、议题顺序和人员安排等想法，是敞开的思维。敞开思维多以平淡性的语句阐述，个别时候加点煽情的语言点缀一番。

例如："我方认为，要使谈判有效率，应从技术性问题谈起。当然，如果贵方愿意跳跃而行，也可提出来讨论。青蛙的跳跃行进也是很有效的。"在平淡的叙述中，加点比喻，既表达了思维，又有点煽情。

（2）磋商—判断

在思维敞开后，清理思绪即为表述中的磋商或判断。双方针对各自的表述内容进行对比，以判断取舍。此时的表述，沉浸在平淡表述之中，以保持严肃认真的气氛。陈述的思维是对各自长短的评价，利弊与可能的分析，例如，分组谈判的建议在谈判中很有效率。而一方认为，自己没有足够的人员参与分组谈判，使该方式成为不可能。也许双方会有评判的分歧，在铺垫时，只要任一方有机动余地，均应做出让步的表达，使铺垫工作尽早完成。如上述分组建议，对方说没有人力，即应撤回。

（3）集中—结论

该手法是清理、汇集评判的思维，也就是做出结论。铺垫中的集中表述，是在平淡中进行，要朴素而清晰地描述，使双方对统一的谈判路线无任何误解。若集中表述不好，可能造成双方准备工作、谈判日程的混乱。

（二）交锋中的铺垫

在谈判过程中，尤其是在对交易实质条件（价格、合同条款、附件）谈判间隙中，仍然会有铺垫性的表述。其表达的要求多为廓清概念，明确态度。

1.廓清概念

进入实质谈判后，双方的意见会往来不断，有的表示反对，有的表示赞同，有的是询问问题，有的则是打岔或干脆纠缠。之后，或各种意见交锋之间，常有铺垫性表达出现。此时就要廓清概念。这一概念是界定谈判内容，包括两层含义：所言之物（事与话）的定义，以及其后所反映的言者的真正立场及其实质意义。

（1）所言之物的定义

为确保谈判的效率，交锋中铺垫首先要说明白的问题是双方谈的应是同一物。若你谈你的理解，我谈我的理解，而理解的非同一物就会使谈判陷于徒劳。此时，表达的技巧是运用确认和重复的表述方式来实现定义的一致性。

①确认

确认是指对谈判议题定义的明示追问，或对理解要求的认同。

这种表述的典型例句有：

"等等，贵方讲的是 A 吗？""对不起，贵方讲的非我方提的问题。""请原谅我未听懂贵方说的意思，能否再讲一遍你的问题？""很抱歉，贵方理解错了我方意思。""请注意，我们似乎离出发点很远了。是否还是回到我们共认的问题上？""为什么，我们越来越不理解对方了。是否出了什么错？""我们谈的可能不是一回事。"等等。

②重复

重复是指对谈判议题的定义做单方的复述，以确定理解是否无误。这种表述的典型例句有：

"如果我没有听错的话，贵方是否讲的 A？""请允许我重复一下贵方的意思。""如果贵方有疑问的话，我可以重复一遍我方的意见。""我理解，贵方的意思是 ×，对吗？""为了不产生误会，请让我将贵方讲的意见归纳一下。"等等。

（2）确立真正立场

为了掌握谈判的进展，必须掌握言者的真正立场。有的谈判手含蓄，或为了刺探对方情报，在明确双方讲话的同时，对谈话引申出的要求与立场也要予以界定。对此，表述的手法主要是追问对方表态。其典型的语句有：

"如果我没理解错贵方的意见，您是要求 B 条件，不同意 C 条件，对吗？""您讲了这么多，那么您到底是赞同，还是反对我方的条件呢？""我理解，到目前为止，你我双方并未就 H 问题达成一致（差距自然很大）是吗？""你我双方唇枪舌剑很长时间了，应该静下来清理一下各自的立场，看双方靠近了多少。""我听贵方这么说，也就是不同意喽（同意啦）。"等等。

2. 明确态度

明确态度，是指要说明谈判双方对面临的谈判问题所持的主观愿望。廓清概念是铺垫的基础性的一步，而明确态度是更近的一步，是由表及里的一步，是究其源的一步，对谈判的进展影响很大。谈判过程中，典型的状况有气氛紧张、谈判激烈时，也有气氛融洽、彼此理解时，还有平淡之时。在这三种状况下的铺垫中，其态度的表述不同。

（1）紧张时

此时的铺垫是要说明"你想怎么样"以及"我对此的看法"，以达到调整双方态度的目的，使消极化为积极，战争转为和平，破坏变成建设。典型的表述有：

"贵方怎么啦？若这么激动是无法交换看法的。""我不知什么地方得罪了贵方。有话请慢慢讲，您讲得太快，我听不清，您的嗓门太高，也不一定加强了您讲话的正确性。再说，有时间让贵方讲话，我方也愿意听。""贵方的学识与地位有能力把谈判从战争状态拖回来。不知为什么今天（昨天）谈判桌上出现如此情况，使我十分惊讶和遗憾。""我认为，分歧在所难免，但吵不能解决问题。解决问题还需双方拿出诚意，拿出力量（条件）。""我认为，双方均应重新审视一下各自的条件和态度，冷静以后再继续该问题的谈判。""如果贵方认为继续吵下去（或维持双方间的紧张状态）能解决问题，这是贵方的看法和权利，但后果请贵方予以充分考虑。""打并不完全是坏事，不打不相识嘛；但打而不停，非要在谈判桌上打出高低，损失恐怕要大些。""我认为，贵方若想保持谈判桌上的强势，甚至欲以势压人，那就错了。弱者可以不要强势，但却要交易，而能得到交易者才是真正的强者。""说一千道一万，以理服人才可以赢得友谊和合同。"等等。

（2）融洽时

此时铺垫是要说明，双方如何利用这种积极性加快交易的谈判，使谈判尽早达到目标。典型的表述有：

"你我双方的坦诚和合作态度使谈判充满了活力，使所有参会者很受鼓舞。""既然双方均有诚意实现交易，我建议在下面的谈判中，贵方能尽早拿出可行的成交方案来。""虽然贵方的方案已表明了贵方的努力，但仍有些缺陷还没有纠正，如我方在上午（或昨天）谈判中提到的 ×× 问题等，尚未见答复。""在听到贵方完整的意见后，我方一定会将我方的意见告诉贵方。""贵方若有困难，也请讲出来，看我方能否配合解决。""既然贵方这么真诚，我不妨利用这个机会告诉贵方，该交易需抓紧进行，否则夜长梦多。""我很想告诉贵方某些细节，但出于商业信誉，我不能讲。但我可以说的是，我将积极配合贵方尽早结束谈判。""我方的条件，不知贵方听明白了没有？若没听明白，我方可以再重复一次；若有意见，我方愿意听，只是希望贵方抓紧时间告诉我方您的态度。""我希望你我双方借东风加快谈判速度，创造一个良好合作的案例。""既然大家是朋友，各方提出的条件应公平友好，若有不足之处，可以自我纠正。这样就避免了朋友之间互相批判。""请放心，对朋友的合作，我们会替对方着想，决不会因为关系好，谈判就粗糙，权责就不分明。"等等。

（3）平淡时

此时说明的是：双方这样谈判下去行不行？或谈判为什么这样没有朝气？如果谈判并未全面展开，或仅属相互介绍阶段，还未到条件的讨论阶段，则可以随日程往下谈判。若在实现条件交锋中，谈判既无大的进展，双方交锋也不积极时，需要做上述铺垫的说明。造成该种情况的原因有两种：没有成交的热情，即我的条件就这样，爱接受不接受，随你。没有准备修改条件的余地。此时典型的态度说明有：

"我们谈了很长时间了，贵方的意见没有讲，不知为什么？""我们的谈判毫无进展，贵方是否无意该交易，还是有别的考虑？""交易成与不成，对我方没有关系，但我方仍然希望听到贵方的态度。""贵方如果不愿意考虑我方意见，只要明示讲出来，我们可以重新审视下面的谈判。""贵方明显没有道理，但仍这么坚持，使我方不理解。如您无权表态，我方可以等您向有关方面汇报后再谈。""我知道，我方提出了一个难题，不知是否在您的授权范围内？若不在，您可以请示后再表态。""你我双方都是自由的，不必对该交易负责，但对你我双方彼此提出的问题应有个合理的答复。"等等。

提高谈判的语言能力

谈判是双方利益的较量，更是语言驾驭能力的表现。谈判的语言要有缜密的逻辑思维能力，不能给对方留下任何可乘之机，否则，说服对手的希望就渺小，谈判就可能遭到失败。

在商务谈判中，谈判者要把自己的思想通过有声语言，准确地传达给对方，在对方心灵深处引起良好的反应，不仅需要高超的驾驭语言的能力，很好的心理素质，而且需要缜密的逻辑思维能力。所以，谈判是思想、语言、自身修养各方面的有机统一。确切地说，谈判是一种面对对方的思维活动，是使用思想感情进行创作的过程，这一过程首先是借助于对方所能理解的语言来完成的。所以，为了提高谈判的成功率，从谈判者的主观方面来说，必须注意从语言、逻辑和心理素质三方面训练自己。

（一）谈判中的语言艺术

在谈判中，语言表达能力至关重要，通过叙事清晰，论据充分的语言表达，往往能够有力地说服对方，达成相互之间的谅解，发现双方的共同目标和利益，取得谈判的成功。萨道义说："谈判技巧的最大秘诀之一，就是善于将自己要说服对方的观点一点一滴地渗进对方的头脑中去。"也就是说，从不同的角度，运用有说服力的语言，向对方说明自己的观点和意见，阐明双方的利益，使对方明白这些观点和建议对双方都是有益的。

我国一家进出口公司在与东欧一家集装箱公司谈判中，因价格问题出现了僵局，对方希望向我国出口集装箱，但认为我方开价太低，而僵持不下。我方代表对僵局不慌张、不气馁，他针对对方瞄准了中国这个大市场的急切心理，首先简述了我国改革开放的形势变化，以及货物运输量日益增长、急需大量集装箱的国情，表示愿意继续与对方合作的诚意。同时，也实事求是地讲述了我国各方面都在建设，经济上不宽裕的实情。如果对方在价格上能适当优惠的话，我方还将从对方公司进口更多的产品，今后合作的前景会十分广阔。通过几轮谈判，反复向对方阐述我方的观点，达成了协议。可见语言表达的成功与否，在谈判中十分重要。

（二）谈判中的逻辑艺术

正确认识逻辑在谈判中的作用，并巧妙运用好逻辑这个思维工具是很重要的。谈判者的实际力量包括两个方面：一是物质力量，二是精神力量。物质力量是客观的，而精神力量虽带有主观成分，但在谈判中往往具有决定性的作用，因为它是谈判者的自觉能动性的反映，古今中外的许多谈判实例都说明了这一点。例如，我国战国时期，赵国的蔺相如只身入虎穴，在秦王面前，凭着高超的谈判技巧和过人的胆识，击败了秦王夺取和氏璧的阴谋。蔺相如之所以成功，其重要的原因便是他将谈判中的逻辑因素和谈判的信息内容、时机等，巧妙地融为一体，充分发挥了人的主观能动作用，使抽象的真理在对方面前呈现为"立体"形象，从而具有很强的说服力和吸引力。

假如你到一个统一价格的国营商店去买一件高级时装，对售货员说，将标价降为九五折出售，这显然是办不到的。可是换一个地点你的建议就不一定行不通。如果你到一家缺乏现金的个体户商店，店主很可能十分乐意薄利多销，收入现金去周转。所以，如果你善于运用逻辑方法去观察，去调查研究，去合理地判断、推理，就可能预测谈判中可能发生的具体情况。要想使该谈判成功，你必须了解对方需要，然后帮助他达到目的。如果某人在一次谈判中说："这是我的最低价了。"你不要以为这是个绝话。你要推测：这是表面最低价，还是真实最低价？因为这可能是对方的一种策略。这时你必须运用各种逻辑艺术手段，进行探测、分析，做出决策。

谈判中的言语不但是思想的媒介物，而且是思维的一种有效的工具。语言与思维紧密联系在一起。谈判中的用词、句子、句群与概念、判断、推理相对应，谈判要求用词准确，逻辑要求概念明确，二者互为表里。谈判要求句子通畅、完整、正确，实际就是逻辑的判断恰当。谈判要求正确组织复句和句群，也就是要求合乎逻辑地推理。概念明确，判断恰当，推理合乎逻辑是谈判语言正确表达的基础。具有说服力的成功谈判，总是包含着无懈可击的逻辑性。

（三）谈判者的心理素质

在谈判中，谈判者的心理素质是否过硬，对谈判的成功与否起着重要的作用。学会忍耐则是对谈判者心理素质的最基本要求。比如，对方提出出乎意料的苛刻条件；对方的态度极不友好；对方为压倒他人而不择手段。在这些情况下，是考验一个谈判者忍耐的基本功的时候。如若不忍，立即就会使谈判呈现出紧张状态，甚至使谈判中断。所以，为了谈判的成功，必须学会忍耐。

适可而止是一种忍耐。在谈判中，对于谈判者来说，最重要的是要懂得该在什么时候去取得某种利益，同时要懂得该在什么时候放弃某种利益。

设身处地地为对方考虑，是学习忍耐的一种方法。谈判中，双方毫无疑问地要首先考虑自己的利益，都想在利益上占据优势。为此，双方可能争持不下，弄得面红耳赤，往往问题得不到恰当的解决。但是，如能设身处地地为对方想一想，矛盾也许就能有所缓和，使谈判出现转机。

总之，学会忍耐不仅是谈判者的一种手段，而且也是谈判者是否成熟的标志。

真真假假，兵不厌诈

兵不厌诈，要想取得谈判的胜利，"不择手段"也是非常必要的。谈判双方都有各自的利益和底线，只要不违背大原则，诈术还是可以使用的。

阿里森是美国一家电器公司的推销员。一次，他到一家公司去推销电机。这家公司前不久刚从阿里森手中买过电机，由于使用不当，电机的温度超过了正常的发热指标，所以，这家公司的总工程师一看到他就不客气地说："阿里森，你还想让我多买你的电机吗？"阿里森在仔细地了解情况之后，发现总工程师的说法是不正确的，但他没有强行辩解，而是决定以理服人，让客户自己改变态度。于是他微笑着对这位总工程师说："好吧，斯宾塞先生，我的意见和你的一样，如果那电机发热过高，别说再买，就是已买的也要退货，是吗？"

"是的！"总工程师做了肯定的回答。

"当然，电机是会发热的。但是，你当然不希望它的温度超过了全国电工协会规定的标准，是吗？"对方又一次做出了肯定的回答。

在得到了两个肯定回答之后，阿里森开始讨论实质性的问题了。他问斯宾塞："按标准，电机的温度可比室温高 72 华氏度，是吗？""是的，"斯宾塞说，"但是你们的电机却比这个指标高出许多，简直让人无法用手摸。难道这不是事实吗？"阿里森没有回答这个问题，而是反问道："贵公司车间的温度是多少？"斯宾塞想了一下，说："大约是 75 华氏度。"阿里森听了，点点头，恍然大悟地说："这就对了，车间的温度是 75 华氏度，加上应有的 72 华氏度，一共是 140 华氏度左右。请问，要是你把手放进 140 华氏度的热水里，会不会把手烫伤呢？"对方不情愿地点点头。阿里森趁热打铁地说："那么，你以后就不要用手去摸电机了。放心，那热度是正常的。"

就这样，阿里森提出了一系列的问题，使对方在一连串的"是"的回答中，不知不觉地否定了自己原来的观点，消除了疑虑。最后，阿里森在这场谈判中不仅取得了成功，而且还顺带做成了一笔生意。

美国开凿巴拿马运河的初期谈判，其谈判谋略也是典型的"请君入瓮"，而且谈判双方都是如此。

谈判的一方是美国，另一方是法国巴拿马运河公司。谈判的焦点问题是美国应该付给这家法国公司多少钱才能取得开凿巴拿马运河的权利。这家法国公司虽然已开凿失败，但它在巴拿马运河却拥有一笔数量可观的资产，其中包括：30000 英亩土地，巴拿马铁路，2000 幢建筑物，大量的机械设备，医院，等等。法国人估价 1 亿多美元。他们开价 1.4 亿美元。而美国人的开价仅仅 2000 万美元，二者相距甚远，经过双方磋商，分别让步到 1 亿和 3000 万美元，但谈判到此就停了下来。

美国人的战略是声称另找一块地方挖运河，他们选中了尼加拉瓜，美国众议院宣布准备考虑支持开凿尼加拉瓜运河。精明的法国人摸透了对方想要一条运河来沟通两大洋的迫切心理，而且也料到了美国会用尼加拉瓜运河来与巴拿马竞争，于是他们也耍了一个花招，暗示法国亦同时与英国和俄国人谈判，以通过英俄的贷款继续运河的开凿。

双方相持不下。

不久，法国人获得了一份美国有关委员会给总统的秘密报告，报告真诚地赞美了巴拿马运河的优越性，然而提出购买的费用过高，不如实施尼加拉瓜方案。这份情报让法国人的信心动摇了，他们忧心忡忡地卷入了竞争。正所谓"祸不单行，福无双至"。不久，法国内部又爆发了一场危机，巴黎公司的总经理辞职了，股东大会乱作一团：卖给美国人吧，什么价钱都可以接受！于是一夜之间，法国的报价骤跌至 4000 万美元，落入了美国实际可接受的范围。

从以上两则谈判案例我们不难看出，谈判者谋略的出发点在于巧布迷阵，借以给对手指示某种虚假的动向或暗示的信息，使之具有一定的诱惑力，其目的就在于搜索到对方更多有价值的信息，从而掌握谈判的主动权，达到"请君入瓮"的目的。

在商务谈判中，谈判者也常常运用这种巧布迷阵的策略，施放各种烟幕弹，干扰对方视线，诱使对方步入迷阵，从而从中获利。但设置迷阵，贵在一个"巧"字，谈判者应善于借助一个恰当的形式或局面来制造声势，并能顺理成章，不着痕迹。如果一个谈判者善于将对手引入自己设置的迷宫，这样谈判的主动权就掌握在自己的手中了。

谈判时适当地插话很必要

谈判无非就是"说"与"听"，光"说"不"听"，或光"听"不"说"都是不恰当的谈判方式，倘若对方说个不停，你就有必要让他知道你也有说话的权利。

谈判中尽量不要打断对方的话，这是对对方的一种礼貌和尊重。

但是，谈判中不要打断对方的话，并不意味着始终保持沉默。倾听中适当地插话也是必要的。

因为不时的语言反馈，能够表明你一直在积极地听。同时对方也可以在你的语言反馈中得到肯定、否定或引导，这对于谈判顺利进行是有利的。

适当地在谈判中插话，关键在于适当。一般来说，有这样几种情况是插话的契机：

1.当对方说话稍有停顿时，你可以插话要求补充说明。如：

"请再说下去。"

"还有其他情况吗？"

"后来怎么样了？"

像这类语言，可以使对方谈兴更浓，把更多的想法和情况告诉你。

2. 当对方说话间借喝茶、点烟思考问题或整理思路时，你可以插话提示对方如：

"这是第二点意见，那么第三点呢？"

"上述问题我明白了，请谈下一个吧。"

这类插话，承上启下，给对方以启示和引导。

3. 在对方谈话间歇的瞬间，给予简单的肯定的回答。如：

"是的。"

"我理解。"

"很对。"

"我明白。"

这种插话，可以表示对对方谈话赞成、认同、理解，使谈判气氛更加融洽和活跃。

谈判中的插话，还可以使用"重复"和"概述"两种方法。

"重复"具有促使对方讲下去，明确含意，强调话题的作用。

比如，当谈判对手谈及一个新的问题时，为了明确含意或者为了突出其重要性，我们可以这样来重复：

"您的意思是不是……"

"我想您大概想讲……"

"您认为这很重要吗？"

"重复"使用得及时和恰当，往往能使谈判避免停顿和中断，可以收到很好的效果。

在与条理性不清和组织句子能力较差的人谈判时，应该抓住机会对他的言语进行一定的整理，以防其杂乱无章地"开无轨电车"。

这里，比较有效的整理方法就是概述。

概述应紧扣主题，突出几点，理出头绪，去掉与主题无关的废话，保证谈判的顺利进行。

比如，我们可以这样说："听您所说，大致有这样几个问题……"然后罗列几个要点，使问题显得清晰。

表示概述的语言很多：

"您刚才说……"

"用您的话讲，这就是……"

"总而言之，您认为不外乎……"

这样的概念还给人以礼貌的感觉。谈判者往往喜欢别人理解自己的意思，如果你表达出他想说而没能说清楚的话，就很容易赢得他的好感，而这对谈判是有好处的。

但是，谈判中要注意，插话关键是"插"得适时。如果无休止地打断对方讲话，同时频频改变话题，那么，会使对方感到谈判无法进行下去。

例如下面的谈判：

"请看，我厂最近生产的连衣裙款式新颖，花色美观大方……"

"说到美观大方，我立即想起我们公司服装厂生产的百褶裙，那真是……"

"这种连衣裙在国内是首创，一上市马上被抢购一空！真是难得的畅销货……"

"要说畅销货，在我市百褶裙真是想象不到的畅销，年轻姑娘，中年妇女，甚至老年妇女也都喜欢穿，真是……"

如此打断对方的讲话，会造成谈判中断停止。

为了使谈判顺利进行，一定要及时回答对方的问话，同时不失时机地同对方展开讨论。但是说话必须掌握分寸，适可而止。如果你口若悬河，滔滔不绝，唠叨个没完，丝毫不给对方插话的机会，有可能会把自己不应被对方知道的意图暴露出来。同时，对方也会对你产生厌倦情绪。

一言九鼎

君子一言，驷马难追。谈判的原则就是说出的话不能收回，所以出口要慎重，说出了就不要后悔，积极寻找解决措施。

有一次，一位小伙子到小摊上去买一套运动服。

小伙子同卖主进行了一番讨价还价。最后，卖主提出的最低价格是 68 元。

小伙子没有接受他的要价，交易告吹。

后来，小伙子又到其他摊点去寻找他要买的运动服。

但由于其他摊点的运动服式样不合他的心意，或者要价太高，小伙子又返回原来那个卖主那里，同卖主再次讨价还价。

当小伙子提出接受他原来的要价，按 68 元的价格成交时，卖主却十分自信地说："现在卖 72 元，68 元太优惠了。"

小伙子和这位卖主进行了一番讨价还价以后，最后勉强以 70 元的价格成交。

小伙子之所以在这次讨价还价中再次退让妥协，是因为他吃了"回头草"。在讨价还价失败、交易告吹后，又回头请求对方卖货，让对方把握住了他的心理状态。

一般来说，如果双方谈判中未达成协议，并且没有创造再次讨价还价的条件，或者交易完全破裂后，买方不能回头同卖方再次进行讨价还价。

买方如要吃"回头草"，同卖方再次讨价还价，就十分被动了。这就说明买方看中了卖方的商品，买方对商品十分感兴趣。总之，想成交的是买方而不是卖方。

这就无意中抬举了卖方。买方会因此而由强变弱，只能进行"强求"和"恋战"了。这时，卖方很可能要抓住机会，狠狠敲买方一记竹杠：或者抬高价格，或者提出苛刻的条件。

谈判中，如果你不慎说了一些错话，或做错了某件事情，也不要马上轻易地改口认错，要给人一种你仍然很正确的感觉。因为，倘若你轻易地认错、改口，会使对方掌握主动权，造成你的损失。

在欧美一些国家常发生这样的事，两辆汽车相撞以后，双方车主不会首先道歉。因为，如果一方首先道歉，这就等于承认了是自己的过失，那就必须承担所有的责任。

明明讲错了，或讲出不妥的话，却坚持不改口，这种方法虽有点近于不讲理，但在谈判中却相当有效。

轻易地改口，往往会招来许多麻烦。所以有时不如来个"死不改口"。

要坚持"自己有理"的态度，就不可失去冷静和理智，尤其是千万不要向对方说出诸如"到底怎么办"之类的话。

你一旦在谈判中改了口，就等于暴露了自己的弱点，你的辫子就会被对方抓住不放。

当然，不是说任何情况下都不改口，具体情况具体分析。总之，在谈判中，要尽量避免对方利用你的改口，置你于不利的境地。

有刚有柔，进退自如

在风云变幻的谈判桌上，双方唇枪舌剑，犹如刀光剑影。谁都想尽快探知对方底牌，争取最大利益，掌握谈判主动权。在这场据理力争、高智商的商务谈判中，要想取得谈判的胜利，谈判双方应该用智慧和柔术进退自如，以柔克刚，以软化硬。

曾有一句谚语是这样说的：一滴蜜汁比一加仑的胆汁更能吸引苍蝇。如果想让对方听从你，同你进行合作时，千万不要忘记了要以亲切和悦的态度来软化对方的防卫，从而达到自己想要得到的效果。同样，对奔波于商战中的谈判者来讲，谈判是一场高智商的较量。诸多方法中，以软化硬、以柔克刚的柔术谈判手法是十分有效的。

在谈判桌上，强势往往是一种砝码。但对于不同的人，在不同的环境中，该弯则弯，以柔克刚。只有这样，才能在谈判中进退自如。

云南一卷烟厂准备引进一条香烟装配线。该厂人员到美国考察，认为美国的装配线和技术都堪称世界一流，只是要价太高。但是，他们还是准备同美方进行谈判，看看能否在价格上优惠。

谈判开始时，美方口气强硬，把他们的产品吹得天花乱坠，给人一种咄咄逼人的感觉，并且价格超过了中方所掌握的外汇底线170多万美元。中方与他们恳谈了三次，美方也照样气势逼人，不肯降低价格。

这家卷烟厂经过深思熟虑，认真准备，决定杀一杀美方的威风，并且探探他们的虚实。中方把美方搁置一边，另组团去法国考察。他们了解到，法国的装配线在质量和性能方面都略逊于美方，报价也不低，但为击败对手，他们还是向法方发出谈判邀请，并把法方人员安排在美方人员下榻的旅馆。美方知道竞争对手来了，开始心慌，主动约请中方人员谈判，并表示可以适当降低价格。

中方主谈人员在谈判桌上说："关于香烟装配线，我们又专门考察了法国的同类产品，他们的产品质量、性能都很好，但价格却比贵公司低得多，这对我们很有吸引力。我们准备与他们进一步接触。不过，考虑到中美两国人民的感情，如果贵国的价格适中，我们会首先考虑贵国的。"这番话分寸掌握得极好，使美方回味无穷。这里面有两层含意：法国的同类产品价廉物美，很有吸引力；另外，仍然可以优先考虑美国，但必须价格适中。这样就使中方游刃有余，从而迫使美方去同法方竞争。

当然，这其中也有一定的风险，一旦美国吃准了不让步，中方就很难再回头与之谈判了。当然，中方也做了两手准备，包括万一美方不降价。因此，与美方的这轮谈判一结束，中方即开始了与法方的谈判。中方代表深深懂得，降低对谈判的依赖程度，是对付胃口过大的谈判对手最有效的方法。

中方与法方谈判时，同样运用了这种方法。谈判桌上中方代表说："诸位先生想必已经知道，在你们来到中国后，你们的竞争对手也来到了，正在推销与贵国相同的产品。他们的装配线不仅质量性能优于贵公司，而且报价比贵公司低 20 %，我想有必要告诉贵公司这些情况。"中方代表的这番话已说明,如果法方不降价,谈判有可能就此结束。而法方不远千里而来,岂肯就这样轻易认输?

中方代表制造了竞争,用美方压法方,又用法方压美方,以争取获得最低报价。事隔一天,美方主动找上门来谈判,最后谈判成功,美方的价格比原来的报价降低了 300 万美元。

好的谈判者并不是一味固守立场,追求寸步不让,而是与对方充分交流,从己方的最大利益出发,创造各种解决方案,用相对较小的让步换得最大的利益,而对方也是遵循相同的原则取得交换条件。在满足双方最大利益的基础上,如果还存在达成协议的障碍,那么就不妨站在对方的立场上,替对方着想,帮助扫清达成协议的一切障碍。这样,最终的协议就不难达成了。

以不变应万变，后发制人

美国著名报人兼作家吉莉·古柏在谈到其成功之道时说："唯一的原则就是尽量表现得绝望无助，以得到别人的帮助。"可见后发制人的重要意义。

后发制人可以使你变强，帮你战胜强者。日本航空界的3位绅士曾用此法，击败了美国一家企业一大帮精明强干的人。

谈判伊始，美国公司的谈判人员开始介绍本公司的产品。他们利用了图表、图案、报表，并用3个幻灯放映机打在屏幕上，图文并茂，持之有据，来表示他们的开价合情合理，品质优良。这一推销性的介绍过程整整持续了两个半小时。在这过程中，3位日本商人一直安静地坐在谈判桌旁，一言不发。介绍结束了，美国方面的一位主管充满期待和自负地打开了房里的灯，转身望着那3位不为所动的日本人说："你们认为如何？"有位日本人礼貌地笑笑，回答说："我们不明白。"

那位主管的脸顿时失去了血色："你们不明白？这是什么意思？你们不明白什么？"

另一个日本人也礼貌地笑笑，回答道："这一切。"

那位主管的心脏几乎要停止跳动了，他问："从什么时候开始？"

那位主管倚墙而立，松开了昂贵的领带，气馁地呻吟道："那么……你们希望我们怎么办？"

3个日本人一齐回答："你们可以重放一次吗？"

结果，美国公司士气被挫，要价被压到了最低。

在人们惯常的思维里，好像谈判中只有处处表现优势，才能压倒对方，左右局面，最后取得成功。实际上，此言差矣。如果遇上了一个强于你的对手，向他适当示弱，或许是你制胜的法宝。无知不是福气，但在谈判中，无知有时是个可供选择的手段。3位精明的日本人在不可一世的美国人面前展现了无知，以漠然对待自傲自负，迫使对方也安静下来，从而占据了有利的地位，最终获得了成功。这种出奇制胜的原因何在？以不变应万变，使对方失其锐气，达到后发制人的效果。